Markus Spieker · faithbook

Markus Spieker

faithbook

Ein Journalist sucht den Himmel

johannis

für meine Eltern
die mir den Himmel gezeigt haben

Bibliografische Information der Deutschen Nationalbibliothek
Die Deutsche Nationalbibliothek verzeichnet diese Publikation
in der Deutschen Nationalbibliografie; detaillierte bibliografische
Daten sind im Internet über http://dnb.d-nb.de abrufbar.

ISBN: 978-3-501-05188-7
Bestell-Nr. 05 188
3. Auflage 2009
© 2009 by Verlag der St.-Johannis-Druckerei, Lahr/Schwarzwald
Umschlaggestaltung: Katja Reimer
Gesamtherstellung: St.-Johannis-Druckerei, Lahr/Schwarzwald
Printed in Germany 17288/2009

www.johannis-verlag.de

Inhalt

Start   7

Für Romantiker   19
1. Sehnen   21
2. Suchen   44
3. Fragen   64
4. Sehen   91

Für Revolutionäre   105
5. Springen   107
6. Gehen   119
7. Ankommen   144

Re-Start   158

Start

Up

Wenn man ein Buch mit dem Titel »Mehrwert« geschrieben hat und das Nachfolgewerk nicht »Nochmehrwert« nennen will, steht man vor einer Herausforderung. Man braucht ein neues Thema. Eines, das Neugier weckt und Bedürfnisse befriedigt, eines, das kickt und klickt. Im Zweifel bricht man ein Tabu. Das schafft wenigstens Aufmerksamkeit.

Allerdings: Gar nicht so leicht, heutzutage noch ein Tabu zu finden. Alles schon beschrieben. Serienkillerfantasien, Gruppensexorgien. Einschlaflektüre. Zuletzt hat eine Jungautorin sich an das Thema »Hämorrhoiden« getraut. Platz Eins der Bestsellerlisten. Also: Es geht doch. Falls man noch ein Tabu findet.

Ich habe eins gefunden. Ich traue mich an ein anderes »H«-Wort.

Himmel.

Gilt nicht, ist kein Tabu, sagst du? Dann mach mal den Test, abends mit Freunden beim Italiener: »Wie stellt ihr euch eigentlich den Himmel vor?« Ich tippe auf folgende Reaktion: hochgezogene Augenbrauen, gelangweiltes Weggucken, »öh …«, »weiß nicht«, »auf was bist du denn drauf?«

Wenn du die Konversation nicht ganz killen willst, wirfst du schnell ein: »Übrigens, meine Hämorrhoiden …« Dann hast du wieder ihre Aufmerksamkeit.

Der Himmel ist ein Tabu. Man spricht nicht darüber. Nicht einmal in der Kirche. Nichts für Erwachsene. Nichts für moderne Menschen.

Ab und zu kommt der Himmel noch in der Popkultur vor. Ich habe im Internet nach Platten mit »Himmel« im Titel recherchiert: Ich kam auf über 5000. Bei den ersten Dutzend ging es immer um den Himmel auf Erden: »Der Himmel ist im Siebten Stock«, »Der Himmel ist auf der Rückbank meines Cadillacs«, »Der Himmel ist, wenn du neben mir liegst«.

Auch Hollywood wagt sich gerne in himmlische Gefilde vor: »Der Himmel kann warten«, »Irrtum im Jenseits«, nette Komödien darüber, dass eigentlich niemand in den Himmel will. Jedenfalls nicht so schnell. Neuerdings haben in den USA Fernsehserien über die letzten Dinge Konjunktur: »Six Feet Under«, »Dead Like Me«, »Pushing Daisies«, Serien über Bestattungsinstitute, über Sensenmänner und über Männer, die Tote wieder zum Leben auferwecken können. Auch hier geht es um das Davor, nicht das Danach. Noch mehr Filme gibt es, die Himmelsboten als Helden haben: »Ist das Leben nicht schön?«, »Der Himmel über Berlin«, »Michael«. Den Engeln kommt dabei kurioserweise die Aufgabe zu, den Menschen die Augen dafür zu öffnen, dass das Leben hier unten eigentlich das Bessere ist.

In Deutschland werden weder Filme über den Himmel noch über Engel produziert, allenfalls über Engel in Weißkitteln, »St. Angela« statt »Angels«. Nicht mal Kirchenleute reden hierzulande über den Himmel. Über hundert von ihnen schreiben in einem kürzlich erschienenen Sammelband (»Mein Glaube in Bewegung«) darüber, was ihnen der Glaube bedeutet. Ich habe das Buch ein paar Mal nach dem »H«-Wort abgescannt. Ich habe es nicht gefunden.

Himmel, wie uncool ist das denn? Vor allem für einen Journalisten wie mich. Der soll sich gefälligst um die Fakten kümmern. Um Mindestlohn, Gesundheitsfonds, die Bankenkrise, erneuerbare Energien.

Aber was ist mit dem Fakt, dass ich, dass du, dass alle, die wir kennen, irgendwann sterben? Dass unser Energievorrat irgendwann aufgebraucht ist. Und dann? Ist der vielleicht doch erneuerbar? Wird Zeit, habe ich mir gedacht, dass jemand dazu recherchiert.

In die Bestsellerlisten werde ich es damit nicht schaffen. Nicht mal für freundliche Besprechungen in den Feuilletons wird es vermutlich reichen.

Wenn's gut läuft, unter PR-Gesichtspunkten, kriege ich ein paar Verrisse. »Es ist nur echt, wenn es dunkel ist«, lautet ein ungeschriebenes Gesetz im Kulturbetrieb. Himmel ist zu wenig »noir«, zu hell, zu süßlich. Brrr. Und dazu noch ziemlich ironieresistent. Witze über den Himmel kann man eigentlich nur machen, wenn man nicht an ihn glaubt.

Wenn ich gefragt worden bin, wovon mein Buch handelt, bin ich ausgewichen: Von der »Unsterblichkeit«, habe ich gesagt, von den »ewigen Dingen«, von der »Eschatologie«. Ich wollte intellektuell satisfaktionsfähig bleiben. Jetzt strecke ich die Waffen und sage: »Himmel«, auch wenn das doof klingt und sich nur auf Unangenehmes und Unanständiges reimt. Aber alle wissen, was gemeint ist.

»Brotlose Kunst«, hat mein C-Jugend-Trainer dazu gesagt, wenn ich mich in der eigenen Hälfte verdribbelt habe. Der Ball muss nach vorne, das Runde ins Eckige, am Ende wird alles vom Ergebnis her beurteilt. Ich habe mir seinen Ratschlag für dieses Buch zu Herzen genommen und bolze lieber aus der zweiten Reihe drauf, als mich im theologischen »Nimm du den Ball, ich hab ihn sicher«-Hin-und-Her zu verzetteln. Auch wenn es naiv und egoistisch anmutet, hier ein paar Klarstellungen zu meinen sehr irdischen, äh, himmlischen Motiven, an Gott zu glauben:

Ich glaube nicht an Gott, weil ich die Verhältnisse bessern will.

Ich glaube nicht an Gott, weil ich meine Sinnfragen geklärt haben will.

Ich glaube nicht an Gott, weil ich etwas länger
und ein bisschen glücklicher leben will.

Ich glaube nicht an Gott, weil ich Rituale feiern,
Ekstasen erleben und Wunder erfahren will.

Das alles sind wichtige, aber sekundäre Effekte
des Glaubens. Meine primären Beweggründe
sind andere:

Ich will Leben ohne Verfallsdatum.
Ich will echte Nachhaltigkeit.
Ich will das wahre Glück.
Ich will Liebe auf Dauer.
Ich will in den Himmel.

Jetzt ist es raus. Deshalb bin ich Christ, deshalb
schreibe ich dieses Buch. Der Himmel ist Chef-
sache. Erst, wenn die letzten Dinge geklärt sind,
kann ich mich locker um die Nächstliegenden
kümmern, die sozialen Verhältnisse, die Sinnfragen, die Glücksoptimierung, die Glaubensgemeinschaft. Davon handelt dieses Buch zwar
auch, aber:

Last Things First.

Mit der Einschätzung, dass die Jenseitsfrage

Top-Priorität hat, gehöre ich weltweit zur Mehrheit. In Deutschland zur Minderheit. »Du hast da was verloren«, möchte ich dem einen oder anderen Mitbürger manchmal zurufen, »deine Unsterblichkeit«. Laut dem Religionsmonitor der Bertelsmann-Stiftung glaubt nur etwa jeder dritte Deutsche fest oder ziemlich fest daran, dass es ein Leben nach dem Tod gibt. Das sind weit weniger, als an die Existenz Gottes glauben.

Je weniger Leute auf die Himmelsleiter wollen, desto mehr drängeln sich auf dem Jakobsweg. Die Anzahl der Pilger ist in den letzten drei Jahrzehnten von rund 100 auf weit über 100 000 pro Jahr gestiegen. Neulich war Shirley MacLaine in Berlin, um zu erzählen, was sie auf dem Weg nach Santiago de Compostela erfahren hat. »Mich selbst«, berichtete sie. Ihre eigene Göttlichkeit. Der Weg ist das Ziel und das sind wir selbst. Ich muss zugeben: Shirley MacLaine gefällt mir weit besser, wenn sie in »Das Apartment« Jack Lemmon einen Stapel Spielkarten hinhält und sagt: »Halt den Mund und gib!«

Die neue Platte der Erfolgsgruppe »Coldplay«, die viele Wochen die Hitparaden anführte, heißt »Viva la Vida or Death and And All His Friends«. Das Leben feiern, dem Tod ins Gesicht sehen, das ist die Spanne, in der sich rein diesseitige Menschen bewegen. Im Vergleich zu ihren Vorfahren ist ihr Zeithorizont winzig klein, ein paar Jahrzehnte halt. Ihre Lebenserwartung ist, in Jahreszahlen gerechnet, um ein paar Trilliarden Nullen und noch viel mehr geschrumpft. Sie freuen sich auf ein paar Ausschüttungen von Dopamin, Serotonin und anderen Glücksbotenstoffen und darauf, dass genug Aspirin, Paracetamol und Morphin verfügbar ist, wenn der Schmerz kommt. Und tschüss.

Kennst du TINA? Das Akronym für »There Is No Alternative«, auf Deutsch: »Es gibt keine Alternative«, aber EGKA hört sich nicht so gut an. Der Himmel fällt für mich in die TINA-Kategorie. Die Beschäftigung damit ist keine Möglichkeit, sondern eine Notwendigkeit. Das gleiche gilt für den Weg dahin. Ich habe mich ja bereits als Christ geoutet. Um sicher zu gehen, dass ich richtig liege, habe ich nochmal die Jenseitsangebote der anderen Weltreligionen abgecheckt. Zu meinen Testergebnissen schreibe ich später mehr, jetzt nur so viel: Der Weg, den die Bibel beschreibt und den die relative Mehrheit der Erdbewohner zumindest versuchsweise geht, ist der einzige, der mir einleuchtet und der mir gefällt. Weil er von nichts anderem handelt als vom Suchen und Finden der Liebe.

Mein Stairway to Heaven hat sieben Stationen. Warum es sieben sind, weiß ich selbst nicht genau. Hat sich beim Addieren so ergeben. Vermutlich verbirgt sich dahinter das sogenannte Blue-Seven-Phänomen. Blau ist die Lieblingsfarbe der meisten Menschen, Sieben die Lieblingszahl. Auch für mich. Also sieben Stationen.

Der Anstieg lässt sich in zwei Etappen unterteilen, die romantische Etappe des Sich-Verzehrens und die revolutionäre Etappe des Sich-verändern-Lassens. Der Himmelstrip ist nichts für Satte und Besitzstandswahrer, sondern für Verzweifelte und für Abenteurer.

In diesen Tagen ist viel von der »grünen Revolution« die Rede, der ökologischen Umgestaltung unserer Gesellschaft. Ein Zeitungsbericht über Öko-Särge ist überschrieben mit »Sehnsucht nach dem grünen Tod«. Ich plädiere für eine »blaue Revolution«, der Richtungsänderung unseres Denkens weg vom Asphalt, über die Mauer der Endlichkeit hinweg, in die Ewigkeit.

Auf zur blauen Revolution.

Noch Fragen?

Wenn ich du wäre, hätte ich eine: Betreibe ich nicht Etikettenschwindel? Warum suche ich den Himmel, wenn ich ihn offenbar schon gefunden habe? Müsste das Buch nicht korrekt heißen: »Ein Journalist schreibt den Himmel herbei«? Tatsächlich unternehme ich als Pfarrerssohn keine Expedition ins Unbekannte, sondern eher eine Reise ins

Allzuvertraute. Ich habe mich dazu verdonnert, so zu tun, als würde ich in Terra incognita vorstoßen. Und ich habe dabei ganz neue Sehenswürdigkeiten entdeckt.

Das fällt mir als einem bodenständigen Parlamentsberichterstatter nicht gerade leicht. Ich verfüge über kein besonderes meditatives Talent, ich bin keine esoterische Naturbegabung, ich hatte noch kein Nahtoderlebnis. Ich habe noch nie Stimmen gehört, noch nie Visionen gehabt, und Schauer auf dem Rücken lösen bei mir nur Fußballtore, Rockkonzerte und Frauenhände aus. Ich habe dieses Buch auf den Zehenspitzen geschrieben, buchstäblich jenseits von dem, worin ich normalerweise kompetent bin. Dies ist keine »eschatologisch-ekklesiologisch-pneumatologische« Abhandlung, sondern ein Leitfaden für Dilettanten, wie ich selbst einer bin: »Himmel für Dummies.«

Wenn ich mich mit den großen Poeten und Propheten vergleiche, die bisher über das Paradies geschrieben haben, fällt mir auf, wie anders meine biografische Situation ist. Der Autor der »Offenbarung«, Johannes, Dante, John Milton und John Bunyan saßen in der Verbannung, im Gefängnis oder blind, einsam und alt bei sich zu Hause. Sie waren lebenssatt. Ich dagegen habe Lust aufs Leben, jeden Tag mehr: auf die kleinen

Cafés, die in meiner Straße eröffnen, die Fußgänger, die unter meinem Fenster den ehemaligen Mauerweg entlangflanieren, auf den Kaffee morgens im Büro, die neuen Staffeln amerikanischer Comedy-Serien. Ich empfinde Lust auf Blicke, Berührungen, Gespräche. Ja! Mehr! Weiter so! Vielleicht ist das gerade eine gute Voraussetzung für die Himmelssuche. Anfangen, wenn's am schönsten ist.

Manchmal irritiert mich meine eigene Diesseitsfixierung. Wenn ich mich sagen höre: »Ich habe nur dieses eine Leben.« Oder: »Man lebt nur einmal.« Ich habe deshalb dieses Buch auch geschrieben, um mich selbst zu therapieren. Ich möchte öfter an den Himmel denken, daran, dass irgendwann alles gut wird, dass ich nicht sofort auf meine Kosten kommen muss. Dann wäre meine Motivationsstruktur anders, dann könnte ich gelassener mir gegenüber sein und gebender gegenüber anderen. Jenseitstrost ist nämlich das genaue Gegenteil von Jenseitsvertröstung. Wer nicht mehr über die eigene Vergänglichkeit heult, hat die Hände frei, anderen die Tränen wegzuputzen.

Dir, lieber Leser, schulde ich noch eine Erklärung dafür, warum ich dich mit meiner Duz-Attacke zwangsumarme. Das klingt doch ranschmeißerisch, unterdistanziert, unseriös. Eben. Dieses Buch ist weder unter wissenschaftlichen noch unter journalistischen Gesichtspunkten »seriös«. Aber es ist ernst. Und unbequem und hochpersönlich. Weil es nicht nur zum Nachdenken anregt, sondern auch zum Entscheiden aufrüttelt. Als Journalist bin ich eine Art Bewegungsmelder: Ich berichte darüber, wenn sich die Dinge bewegen. Diesmal berichte ich nicht über Bewegungen, ich möchte selbst welche auslösen. Bewegungen von unten nach oben.

Übrigens: Jetzt habe ich das »H«-Wort fast vierzig Mal benutzt. Gar nicht so schwer, ein Tabu zu brechen.

Für Romantiker

1. Sehnen

Hier zieht's

Am Anfang ist die Sehnsucht.

Etwas in uns zieht, etwas ruft. Wir legen den Kopf in den Nacken. Legen die Ohren an.

Über Sehnsucht kann man nur in einem Zeitalter der Sattheit schreiben. Wer Hunger verspürt und vom Krieg bedroht ist, hat Bedürfnisse. Die können zumindest theoretisch befriedigt werden. Die Sehnsucht, dieser kuriose Mix aus dem Sehnen und aus der Sucht danach, nicht.

Das Leben ist ein Kampf gegen die Schwerkraft. Wir strecken uns aus nach Idealen und fallen immer wieder auf den Boden des Realen. Aus dieser Spannung entsteht Kreativität, aber auch Schmerz und Verzweiflung. Am Ende gewinnt die Schwerkraft. Oder doch nicht?

So viel Sehnsucht wie am Beginn des 21. Jahrhunderts war nie. Die Plätscher-Popper der Gruppe »Schiller« haben ein Album über »Sehnsucht« im Angebot, genau wie die Krawumm-Rocker von »Rammstein« und die »Kastelruther Spatzen«. In Berlin sind Theatertreffen mit »Sehnsucht« überschrieben, Filmfestivals auch. In den 80ern war Sehnsucht allerdings auch schon trendy. Purple Schulz: »Ich hab Heimweh. Fernsehweh. Sehnsucht. Ich weiß nicht, was es ist.« Nur, *dass* es ist. Dass es sie gibt: die Lücke.

»Eigentlich geht's mir doch gut«, sage ich mir, wenn die nächste Sehnsuchtswelle über mich schwappt. Ich schaue aus meinem Bürofenster auf die Spree, die sich an unserem Studio vorbeischlängelt, zwischen den Parlamentsgebäuden hindurch, entlang am Bundespressestrand. Da kann ich mich im Sommer abends mit Kollegen auf Liegestühle fläzen, die Zehen in den Sand vergraben, an meiner Bionade ziehen und den vorbeimarschierenden Touristenkolonnen zusehen. Als neulich der Herbst begann, zog das ZEIT-Magazin ein Sommer-Resümee, Titel: »Was, schon vorbei?« Alles geht. Nichts bleibt. Eben habe ich noch Milkshakes auf dem Spree-Badeschiff geschlürft, jetzt gehe ich im Wollmantel zu ALDI und decke mich mit Dominosteinen ein.

Tiere haben keine Sehnsucht. Tiere sind geschlossene Einheiten, identisch mit sich selbst, sie leben im Moment, im Jetzt, im Flow der Natur.

Der Mensch ist der Freak der Natur, überqualifiziert für das Leben auf diesem Planeten, gleichzeitig unterentwickelt; ausgestattet mit einem Energie-Plus, das ihn kreativ macht, und mit einer Intelligenz, die ihn den chronischen Mangel spüren lässt. Zu wenig Liebe in uns. Zu wenig Sicherheit außerhalb von uns.

Sehnsucht nach Liebe. Angst vor Vergänglichkeit. Die Lücke in uns. Die Frage ist: Kann sie geschlossen werden?

Ein paar Gedanken zur Liebe:

Wenn alle Menschen einen großen Kreis bilden würden, wie bei einem Anonymen-Alkoholiker-Treffen und jeder würde seine stärkste Sucht bekennen, würde sich das so anhören: »Ich heiße Markus, ich bin liebessüchtig.« – »… ich bin liebessüchtig.« – »… liebessüchtig.«

Auch wenn das gegen die Einschätzung von manchen Popularpsychologen spricht: Liebe ist nicht reflexiv. Man kann sich genauso wenig selbst lieben, wie man sich selbst kitzeln kann. Gute Gefühle lassen sich nicht dauerhaft durch Autosuggestion einstellen. Andere rufen sie in uns hervor. Sosehr das gegen den Anspruch, autonom zu sein, spricht: Unseren Selbstwert regulieren andere: Familienangehörige, Freunde, Kollegen. Wir brauchen ihre Zuneigung. Wir sind liebessüchtig. Wir alle.

Manchmal erinnere ich mich daran, wenn ich bei Hintergrundgesprächen mit Politikern bin. Sie reden über Gesetzentwürfe und Verordnungen, und ich denke: Eigentlich wollen sie auch nur gemocht werden. Auch sie wollen am Ende des Tages oder der Legislaturperiode hören: »Guter Job, mach weiter.« Von mir als Journalist hören sie das eher selten. Ich hoffe, sie haben Familienangehörige und Freunde, die ihnen das sagen. Oder, falls nötig, das Gegenteil.

Das Problem mit der Liebe ist, dass die Liebe ein Problem ist. Die besten Romane und Filme handeln von ihrem Scheitern. Neuerdings auch die TV-Fernsehserien, die im Auftrag der Werbekunden eigentlich für gute Laune sorgen sollten. In meinem Bekanntenkreis schwören viele auf »Sex and the City« und »Californication«. Die Techtelmechtel der Schönen und Erfolgreichen. Es geht dabei immer nur um das Beide: die Lust unterhalb der Gürtellinie und den Frust oberhalb. Eine Wahrheit wird darin leider nie ausgesprochen: Für die Seele gibt es kein Kondom.

Die meisten schwer verletzten Liebessüchtigen versuchen, sich nichts anmerken zu lassen. In Berlin haben die Bars Namen wie »Zu dir oder mir«, »Wir müssen reden«, »Lass uns Freunde bleiben«. In einer einzigen Kneipentour kann man hier den Spannungsbogen einer typischen Liebesbeziehung nachvollziehen. Leidenschaft, Krise, Schluss. Das, was vor dem Ende kommt, der Angstschweiß, die Schlaftabletten, die Heulorgien: geschenkt. Mein Computer spielt gerade einen Discokracher aus den späten 70ern. France Joli singt: »I'll Get Over You«: Sie singt das acht Minuten lang. Will gar nicht aufhören. Ich werde über dich hinwegkommen, ich werde über dich hinwegkommen, ich werde … Ja ja.

Viele sind ramponiert, bevor sie sich auf die erste Liebesbeziehung einlassen. Am Bahnhof Alexanderplatz steigt eine junge Mutter mit ihren Kindern in die S-Bahn ein. »Wenn ich groß bin, mach ich Selbstmord«, krakeelt der Sohn. Er ist vielleicht sechs Jahre alt. »Quatsch«, lacht die Mutter, »wenn du groß bist, verliebst du dich und heiratest.« Der Junge, hartnäckig: »Nee, ich bin schwul.« Die Mutter spielt das Spiel mit: »Stimmt, hat damals schon dein Vater gesagt: Der wird bestimmt mal schwul.« Der Junge nun doch bestürzt: »Stimmt nicht.« – »Du bist schwul«, kräht die Schwester, vier Jahre alt. – »Und du lesbisch.« – »Bin ich nicht! Mama, bin ich lesbisch?« Die Mutter amüsiert: »Kann man nie wissen, vielleicht bin ich ja auch lesbisch.« Die beiden Kinder, geschockt: »Bist du nicht!« – »Wieso nicht? Ich küss doch auch Frauen.« Das Mädchen quiekt: »Mama ist 'ne Lesbe.« Das wahre Leben. Spam in der Seele, Chaos im Kopf. Wenn das »Ich« derart ungeformt ist, denke ich, wie soll es sich da mit anderen »Ichs« zu einem »Wir« verbinden.

Nicht, dass früher alles besser war. Damals wurden unzählige Menschen in lieblose Ehen gepresst und viele gegen ihren Willen in Klöster eingemauert. Gut, dass das vorbei ist. Viele unserer

Ahnen kamen sich geknechtet vor. Heute fühlen sich viele einfach überflüssig. Beschrieben die Romane des 19. Jahrhunderts die Unmöglichkeit wahrer Liebe angesichts repressiver Verhältnisse, handeln sie heute von der Unfähigkeit zur wahren Liebe. Die Kulturgeschichte als Tragödie in fünf Akten:

1. Akt: Der Mensch als Spielball der Götter und des Schicksals.

2. Akt: Der Mensch als Untertan der Könige und Päpste.

3. Akt: Der Mensch als Opfer der gesellschaftlichen Strukturen.

4. Akt: Der Mensch als Spielball seiner Gefühle.

5. Akt: Der Mensch als Laune der Evolution und als Ansammlung von Molekülen. Der Vorhang fällt vor einer leeren Bühne.

Haltbare Liebe, funktionierende Beziehungen, dass ist heute so schwer zu realisieren wie früher. Nur, dass wir niemanden mehr dafür haftbar machen können, wenn wir scheitern. Nicht mal uns selbst. Unser »Ich« gibt es, sagen manche Neurologen, nur als Hirnkonstrukt.

Wir tun natürlich weiter so, als ob es uns gäbe, und sind weiter als nervöse Sammler glücklicher Momente unterwegs.

Meinem Bruder, der mit dem unbestechlichen

Blick eines Richters unterwegs ist, habe ich einmal davon erzählt, wie ich mich bei einer Party blamiert hatte. Da verriet er mir das oberste Gesetz des zwischenmenschlichen Powerplays. Wenn du es nicht weitersagst: Das ist das Gesetz:

Alle sind unsicher.

Du, ich, alle.

Unsicher.

Und ganz besonders, wenn wir unter anderen Leuten sind. Weil wir nicht mehr auf bestimmte gesellschaftliche Rollen festgelegt sind, uns aber dafür immer neue suchen müssen. Was passt zu uns, wer passt zu uns und wie kriegen wir alles passend gemacht? Die hauptsächlichen Tätigkeiten des modernen Menschen: Eigen-PR und Menschen-Shopping, Kontakte machen und uns selbst vermarkten. Eine meiner Lieblingsschauspielerinnen, July Delpy, sagt in einem meiner Lieblingsfilme, »Before Sunrise«: »Ist nicht alles, was wir im Leben unternehmen, darauf ausgerichtet, ein bisschen mehr geliebt zu werden?« In einem Zeitungsinterview gibt sie zu: »Ich träume von Gott, auch wenn ich nicht an ihn glaube.« Die Sehnsucht und der Traum, besteht da vielleicht ein Zusammenhang?

Manche plagen eher Albträume. Jeder dritte Berliner Schüler zwischen 13 und 16 fühlt sich gemobbt, jeder vierte ist krank vor Stress, jeder fünfte hat Schlafstörungen, jeder achte säuft.

Es stimmt, die Welt von heute ist im Vergleich zu der von gestern heller und netter. »Free Hugs« stand auf dem Schild, um das sich eine Gruppe von Studenten gruppiert hatte. Auf der Hauptgeschäftsstraße von Oslo offerierten sie Gratis-Umarmungen. Die Leute standen Schlange, vor allem bei der hübschesten Studentin. Ich habe sie gefragt, warum sie das macht. Sie lachte: »Weiß auch nicht, irgendeiner hat im Internet dazu eingeladen. Macht jedenfalls Spaß.« Die »Hugs« dauerten nicht länger als zwei Sekunden. Dann zogen die Passanten weiter. Mir ging das Lied »Eleanor Rigby« von den Beatles durch den Kopf: »All the lonely people, where do they go from here?« All die einsamen Menschen, wohin gehen sie? Das Lied handelt von einer Beerdigung. Alles geht, nichts bleibt.

Deshalb sehnen wir uns nicht nur nach Liebe, sondern auch nach Dauer.

Seit sie denken können, versuchen die Menschen, den Tod weg- bzw. rumzukriegen. In der ersten überlieferten Geschichte überhaupt, dem Gilgamesch-Epos, will der mesopotamische König Gilgamesch den Tod ausschalten. Er scheitert aber schon dabei, der kleinen Schwester des Todes, dem Schlaf, zu widerstehen. Viel weiter sind wir seitdem nicht. Wir haben die Lebenserwartung um ein paar Jahre gestreckt. Der aktuelle Rekord liegt bei 122.

Als Journalist habe ich ein besonderes Verhältnis zur Vergänglichkeit. Nichts ist so alt wie die Zeitung von gestern, hieß es früher. Heute könnte man ergänzen: Nichts ist so alt wie die Fernsehnachricht von vor einer Stunde. Auf meinem Computerschirm leuchtet es rot »Eilmeldung«, auf den Fernsehmonitoren flasht es »Breaking News«. Immer passiert etwas, auch wenn nichts passiert. In der Schaltzentrale des ARD-Hauptstadtstudios, dem Büro des »Chefs vom Dienst«, hängen seit Kurzem fünf Uhren an der Wand. Wenn ich dort Dienst habe, starre ich auf die parallelen Zeitangaben aus Berlin, Washington, Moskau, Neu Delhi und Tokio. Fünf Vergänglichkeitsmelder.

Aber auch in meiner Freizeit spüre ich die Uhr ticken. Neulich auf dem Weg in den Urlaub, auf der Autobahn, gemütlich bei 120 km/h. Ein Auto überholt mich. Ich registriere das fröhliche Gesicht der Fahrerin und dann den Aufkleber auf ihrem Heck: »Weil alles viel zu schnell vorbei ist« steht darauf. Sie heizt dem Horizont entgegen. Ist vorbei.

Am 5. September 2008 war ich unfreiwillig Teil eines großen »Zeit-Konservierungs-Projekts«. 24 Stunden Berlin, ein Tag im Leben meiner Stadt, dokumentiert von 60 Kamerateams. Ein Team war in unserem Studio am Werk. Ein anderes filmte, rein zufällig, die Hochzeit einer Freundin von mir. Wenn das Gesamtwerk demnächst ins Fernsehen kommt, werde ich nach mir selbst Ausschau halten, kurz lachen und dann melancholisch sagen: »Schon so lange her.«

Man merkt, dass man älter wird, daran, dass man merkt, dass man älter wird. Wenn man sich darüber freut, dass man wenigstens noch im Fitness-Studio geduzt wird. Wenn man gar nicht eingeschnappt darüber ist, dass man beim Fahrradfahren von Passanten angeschnauzt wird: »Junger Mann, die Ampel ist rot!« Junger Mann? Danke schön. War doch nicht nötig.

Die Etappen meines biologischen Rückbaus habe ich einem Gesundheitsratgeber entnommen:

Seit ich 20 bin, lässt meine Körperkraft nach.

Seit ich 30 bin, lässt meine Ausdauer nach.

Seit ich 35 bin, lässt die Festigkeit meines Griffs nach.

Ich lasse nach.

Well-Less statt Wellness.

Als End-Dreißiger befinde ich mich in der Rush-Hour des Lebens, meine physische Potenz und mein berufliches Potenzial sind in perfekter Balance. In ein paar Jahren werde ich einen Gang herunterschalten, den Fuß etwas vom Gas nehmen. Irgendwann kommt die Midlife Crisis, dann habe ich hoffentlich zwei, drei Jahrzehnte Ruhe, bevor meine Organe anfangen, Krawall zu schlagen. Irgendwann droht die Altersdemenz. Von Da-Da über Bla-Bla zu Ga-Ga. Das war's.

Ich komme mir vor wie der Obstteller in der Video-Installation »Still Live«, die in der Tate Modern Art Gallery in London zu besichtigen ist. Im 4-Minuten-Blitzdurchlauf kann man den Pfirsichen, Birnen und Äpfeln beim Verrotten zusehen. Der Weg alles Organischen. My Way.

Aus dienstlichen Gründen habe ich ein Heim für Pflegefälle der Stufen II und III besucht. Schwerst-Abhängige liegen hier, Menschen, die hilflos und verwirrt sind. Das Thema meines Beitrags war »Patientenverfügungen«. Die Tochter einer dementen Seniorin hatte bereits ihre eigene Patientenverfügung verfasst. Sie hat Angst, dass es ihr einmal so geht wie ihrer Mutter. »Ist ja gar nicht mehr so lange hin«, sagte sie und schaute ihren Mann an. Sie war Anfang 60.

Vor ein paar Tagen ist unterhalb meines Wohnzimmerfensters meine Nachbarin umgekippt. Das Blut tropfte aus der Nase auf die Terrassenplatten. Sie stand wieder auf, wollte keine Hilfe. »Ich hab die Fallsucht«, sagte die alte Dame, »ich muss vorsichtiger leben.« Mit einem Gartenschlauch spritzte sie das Blut von den Platten. Ich habe mir vorgestellt, wie sie vor 30 Jahren herumgetanzt ist.

Es muss an diesem Buch liegen, aber ich sehe immer klarer, wie der Zahn der Zeit an allem und an allen nagt. In der Zeitschriftenabteilung vom Karstadt steht eine Oma vor mir an der Kasse. Mit zittriger Stimme fragt sie: »Gibt es außer der Gloria noch eine andere Zeitschrift mit doppeltem Silbenrätsel?« Die Kassiererin: »Weiß nich'.« – Die Oma, fast flehentlich: »Könnten Sie mal nachschauen?« – »Nee, ich weiß jetzt wieder: doppeltes Silbenrätsel gibt's nur in der Gloria.« – Die Oma, traurig: »Dann muss ich wohl bis nächsten Donnerstag warten.« Sie bleibt stehen. Als ob sie sich bis zum nächsten Donnerstag hier festsetzen will. Es ist Samstag. Ich schätze, dass zu Hause keiner auf sie wartet. Nur die »Gloria« der letzten Woche.

»Das Alter ist kein Massaker«, hat der ehemalige SPD-Chef Hans-Jochen Vogel gesagt. Für viele ist es aber eine Zermürbungsschlacht. Auch für Politiker. Dass merke ich, wenn ich pensionierte Funktionäre für ein Interview anfrage. Viele freuen sich, sind schon Stunden vorher am Studio. Endlich fragt mal wieder einer …

Laut Statistischem Bundesamt wird der Durchschnittsdeutsche 2050 zehn Jahre älter sein. Mehr Ü65 als U20. Ich bin dann 80.

Inzwischen mag ich keine Western mehr. Die besten Western handeln davon, dass irgendwann alles zu spät ist. »Sacramento« mit Randolph Scott, »Lawman« mit Burt Lancaster, »Will Penny« mit Charlton Heston, »Unforgiven« mit Clint Eastwood. Immer die gleiche Story: Cowboy hat Rheuma, Cowboy reitet trotzdem in die Stadt und räumt auf, Cowboy stirbt oder reitet davon, um bald zu sterben. Fand ich früher unterhaltsam. Zieht mich jetzt runter. Weil ich mich immer mehr mit dem alten Cowboy identifiziere.

Wenn ich meine Eltern besuche, denke ich an das Gedicht von Franz Werfel:

> *Kinder laufen fort.*
> *Lang her kann's noch gar nicht sein.*
> *Kamen sie zur Tür herein.*
> *Saßen zwistiglich vereint alle um den Tisch.*

Am Ende des Gedichts sind die Kinder aus dem Haus, und, so Werfel, die Blicke der Eltern »gehen mit der Uhr Schritt für Schritt um den leeren Tisch«.

Woody Allen, der sich obsessiv mit den Themen Liebe und Tod beschäftigt, gesteht seine Beklemmung: »Wir werden alle sterben. Diese Erkenntnis macht mich traurig, seit ich fünf war. Ich habe damals verstanden, dass eines Tages alles die Toilette runtersausen wird: Ich, meine Eltern, unsere

Wohnung, die Nachbarn – einfach alles. Als ich begriff, dass das wahre Bild allen menschlichen Lebens ein alles verschlingendes Toilettenrohr ist, begann mein Körper, Angst zu produzieren. Das hat bis heute nicht aufgehört.« Der Poet John Keats stellt sich in einem seiner bekanntesten Gedichte die Frage, was sein wird »wenn ich Angst davor habe, aufzuhören zu sein, bevor mein Stift mein wimmelndes Gehirn abgeerntet hat«.

Das Leben, ein Minenfeld. Irgendwann wird eine explodieren. Das Leben, ein Sich-Stemmen gegen den »Death Magnetic«, wie das aktuelle Album der Hardrocker von Metallica heißt, den Tod als unwiderstehlichsten aller Magneten.

Im Internet gibt es eine Seite, auf der anonyme Postkarten mit Bekenntnissen veröffentlicht werden. »Post Secrets« heißen sie. Zwei haben mich besonders berührt. »Ich möchte nach Hause gehen«, schreibt jemand, um dann traurig hinzuzufügen, »aber ich bin zu Hause.« Eine andere Postkarte trägt die Handschrift eines alten Menschen: »Alles ist so schnell vorbeigegangen.«

Mich wundert, ehrlich gesagt, wie wenige nach dem Ausweg suchen. Sich eine Verlängerung wünschen. Wenn mich etwas am Zeitgeist stört, ist es das Phlegma. Warum gehen Studenten gegen die Einführung von Studiengebühren bei Minustemperaturen nackt auf die Straße – aber die Abschaffung ihres eigenen Lebens in ein paar Jahrzehnten nehmen sie als schicksalhaft hin? Warum wehren sie sich nicht?

Im »Slasher«-Genre des Horrorfilms (Kurzdefinition: Menschen werden gemetzelt) gibt es drei Opfertypen und drei Arten, wie sie ihren Peinigern entgegentreten:
- die Kämpfer (»Du Drecksau!«)
- die Fleher (»Bitte, lass mich leben!«)
- die Loser (»...« – Schweigen und Wimmern)

Die Kämpfer überleben oft, die Fleher manchmal, die Loser nie.

Warum nehmen zwei Drittel der Deutschen den Tod und das Nichts danach als unvermeidlich hin? Warum kämpfen sie nicht, flehen sie nicht, sondern fügen sich?

Woher die zunehmende Stumpfheit im Angesicht des Todes kommt, erklärt die Neurologie. Mit dem Alter wächst dem Hirn eine Art Hornhaut. Die emotionale Sensibilität nimmt ab, die analytischen Gegenkräfte werden stärker. Das Ziehen und Stechen der Sehnsucht, es wird gedämpft: »Hamwaschongehabt«, sagt das Hirn, wenn es im Herzen ächzt, »bringtnix«.

Laut Bertelsmann-Religionsmonitor sind junge Menschen himmelsgläubiger als alte. Unter 30 herrscht noch das Prinzip Hoffnung vor. Ab 30 wird es durch das Realitätsprinzip ersetzt. Kinder, Karriere, das war's. Mich hat der Befund überrascht: Die vermeintliche »Spaßgeneration« ist weniger diesseitig orientiert als die »Wirtschaftswundergeneration«. Die Umfrage zeigt außerdem, dass sich der Glaube an ein ewiges Leben im Alter nicht einfach reaktivieren lässt.

Es gibt allerdings positive Ausnahmen. Ingmar Bergman fällt mir ein: Pfarrerssohn. Frauenheld. Agnostiker. Der vielleicht größte Filmemacher aller Zeiten, der Regisseur von »Das Siebte Siegel«, »Wilde Erdbeeren«, »Licht im Winter«, »Schreie und Flüstern«: Immer geht es darum, dass Menschen schwach und dass menschliche Bindungen porös sind: weil über allem der Fluch der Vergänglichkeit liegt. An einen Ausweg glaubte Bergman nicht. Bis seine letzte Ehefrau Ingrid starb. In einem Interview erzählte Bergman: »Wir hatten ein Abkommen gemacht: Ich würde zuerst sterben und Ingrid würde bei mir sitzen und meine Hand halten, die letzte Person, die ich sehe.« Der Plan ging nicht auf: »Weiterzuleben ist jetzt so unglaublich bedeutungslos«, klagte er, »dass ich Ingrid nie wiedersehen soll, ist eine absolut beunruhigende Vorstellung. Ein schrecklicher Gedanke.« Und Bergman ergänzt, trotzig und verzweifelt hoffnungsvoll: »Ich glaube, dass ich Ingrid wiedersehen werde.«

Ein Hund
der stirbt
und der weiß
dass er stirbt
wie er weiß
dass er stirbt
wie ein Hund
ist ein Mensch

dichtete Erich Fried. Ein Spielfilm über die Hölle von Stalingrad heißt: »Hunde, wollt ihr ewig leben.« Ja, wir wollen ewig leben, weil wir Menschen sind. »Alle Endlichkeit ist Defekt«, schrieb Romano Guardini in seinem Buch über den »Sinn der Schwermut«, »dieser Defekt ist Enttäuschung für das Herz, welches nach Unbedingtheit verlangt.«

Wir wollen allerdings nicht nur ewig leben, wir wollen ewig glücklich leben oder zumindest: schmerzfrei.

Das Gegenteil von Liebe auf Dauer, also von Glück, ist nicht Einsamkeit, ist nicht Tod, sondern: Schmerz. Ohne Schmerzen sein, das heißt: im Schweigen der Organe leben. Wenn wir den Körper spüren, ohne dass er sich bemerkbar macht. Das ist noch nicht Glück, aber eine Voraussetzung für Glück.

Und was ist mit dem seelischen Schmerz, der

neuen Volkskrankheit Depression? Im Spätsommer 2008 hat sich einer der genialsten zeitgenössischen Schriftsteller, David Foster Wallace, erhängt. Er war erfolgreich, verheiratet, ein Wunderkind. »Infinite Jest« (»Unendlicher Spaß«) hieß sein bedeutendster Roman. Die meisten, auch ich, lasen über eine Passage hinweg, die sich laut dem TIME-Magazin nun liest »wie der verzweifelte Handyruf des Piloten einer abstürzenden 747«. Wallace beschrieb, wie sich Depression anfühlt, nämlich wie »Einsamkeit in einem Ausmaß, das nicht beschrieben werden kann. Alles ist Teil des Problems und es gibt keine Lösung. Es ist eine Ein-Personen-Hölle.« Das letzte Buch, das Wallace schrieb, hieß »Oblivion« (»Vergessenheit«).

Warum sind nicht nur so viele Romane, sondern auch so viele aktuelle Kinofilme, vor allem die preisgekrönten, so deprimierend? Bei meinen letzten DVD-Abenden habe ich mich gefragt, was aus dem Happy End geworden ist? Die Filme endeten nämlich so:

- Ein Vater erstickt seinen schwer verletzten Sohn mit einem Kissen (»Tödliche Entscheidung«).
- Ein Unternehmer schlägt einem Pfarrer mit einem Kegel den Kopf ein (»There Will Be Blood«).
- Ein Killer erschießt grundlos eine junge Witwe und wird dann zufällig von Jugendlichen überfahren (»No Country for Old Men«).

Kämpften die Filmhelden in den Dreißigerjahren gegen Gangster und Piraten, in den Fünfzigern gegen Außerirdische, in den Siebzigern gegen Weltverschwörer, in den Neunzigern gegen den Psychopathen von nebenan und gegen die eigene Psyche, kämpfen heute alle gegen alle und für nichts. Noch auffälliger scheint mir, dass sogar die Supermänner dümpeln. Spiderman grübelt (»Spiderman III«). Batman schwächelt (»Batman Begins«). Die Guten ermüden, die Bösen drehen voll auf. Selbst das Trickfilmstudio »Pixar«, bisher Garant für schwermutfreie Familienunterhaltung (»Toy Story«, »Findet Nemo«) zeigt in »Wall-E« die zukünftige Welt als gigantische Müllhalde. Die Traumfabrik Hollywood verwandelt sich in eine Albtraummanufaktur. Wenn es stimmt, dass Kulturschaffende prophetische Gaben besitzen, dass sie ein besonderes Sensorium für künftige Entwicklungen haben, stehen uns traurige Zeiten bevor. Nie war das zeitgenössische Kino so trostlos.

Die Nachrichtenlage ist leider nicht viel besser. Die FAZ kündigte aus Anlass der Bankenkrise »Das Zeitalter des Unglücks« an. Panikmache?

Man braucht keine hellseherischen Fähigkeiten, um zu dem Schluss zu kommen: Die Zukunft wird spannend und zwangsläufig auch schmerzlich. Ich lese die Prognosen, die von Denkfabriken produziert werden; ich weiß aus vielen Gesprächen, was führende Politiker von den nächsten Jahren erwarten; als gelernter Historiker kenne ich, wenn auch nur oberflächlich, den Vorlauf der letzten 5000 Jahre; und ich habe meinen Instinkt. Das hier ist mein Nahe-Zukunfts-Preview. Muss nicht so kommen, wird aber vermutlich. Leider.

Die Geschichte der nächsten Zukunft, noch ein Fünfakter. Ob es auch eine Tragödie oder ein Drama mit gutem Ausgang wird, ist natürlich offen:

1. Akt: Die Welt wandelt sich, noch schneller, noch umfassender als je zuvor. Das merke ich schon daran, dass ich mir immer mehr Passwörter merken muss, dass ich immer mehr Spam-Mails kriege, dass ich immer weniger von dem wirklich verstehe, über das ich berichte. Genomsequenzierungen, Subprimehypotheken, Wankelhybridmotoren, hä? Die Globalisierung der Wirtschaft, die Digitalisierung der Kommunikation, die Pluralisierung der Lebensformen und die technischen Fortschritte in allen Bereichen erzeugen zusammen eine Art »perfekten Sturm« der Veränderung. Dazu kommen der Klimawandel, die Bevölkerungsexplosion, die Energieverknappung, die Verbreitung gefährlicher Waffen. Die größte Revolution, seit es Menschen gibt, ist in vollem Gange. Anmerkung für die Konservativen: Umdrehen geht nicht, es gibt kein zurück. Anmerkung für die Progressiven: Ohne Bremsen droht der Crash.

2. Akt: Die herkömmlichen Kontrollsysteme versagen. Die gewählten Volksvertreter sind immer weniger in der Lage, den Wandel zu steuern. Nicht nur, weil sie vom Tempo der Entwicklung selbst überfordert werden. Auch nicht vor allem deshalb, weil sie einer politischen Bürokratie angehören, die auf den Erhalt des Status Quo ausgerichtet ist. Sondern weil ihr Bedeutungszuwachs in den Medien (Politiker füllen gratis Sendezeit) umgekehrt proportional ist zu ihrem Bedeutungs- und Kompetenzverlust in der globalisierten und hochtechnisierten Welt. In der jüngsten Abhandlung über den Untergang des römischen Reiches habe ich gelesen, dass es vor allem zwei Faktoren waren, die das Imperium ins Abseits getrieben haben: Verwirrung und Unschlüssigkeit. Kommt mir irgendwie bekannt vor.

3. Akt: Neue Machtzentren entstehen. Die Agenten des Wandels sind nicht gewählt und werden nicht kontrolliert. Es sind Wissenschaftler, Entertainer, CEOs und Diktatoren. Kaum eine Woche, in der nicht ein neues Ranking der »Wichtigsten Führungskräfte« erscheint. Mir fällt auf, dass darunter immer mehr Leute sind, die in Labors arbeiten, immer weniger, die als Parlamentarier hinter Rednerpulten stehen. Für die entmachteten Wählermassen gibt es zwei Szenarien. Best Case: Sie können durch Wohlstand sediert werden.

Worst Case: Die Wohlstandsschere öffnet sich weiter. Die Wut »der da unten« über »die da oben« wächst.

4. Akt: Es kommt zu Krisen. Die Dinge ändern sich schneller, als die Menschen reagieren können. Die Eliten sind überfordert, die Strukturen dysfunktional, die Ideologien nicht zukunftstauglich. Überall tun sich Anpassungslücken auf, nur ein anderes Wort für Krisen.

5. Akt: ??? Keiner weiß, ob sich die Krisen, anders als in vorherigen Jahrhunderten, friedlich überwinden lassen. Ich fürchte, dass das Diesseitigkeits-Mantra »Es gibt nur dieses Leben« die allgemeine Ungeduld, die Gier, die Wut verstärken wird. Im meiner Stadt machen immer mehr Kirchen dicht, dafür eröffnen immer mehr Baumärkte und Möbelgeschäfte. Der neue Sonntag ist der Samstag: Einkaufen bei Ikea als Hochamt. Die Menschen richten sich unter einem leergeräumten Himmel hier unten immer fantasievoller ein. Wenn irgendwann auch im Parterre die Lichter ausgehen, wird es duster.

Meine Prognose für die nächsten Jahre und Jahrzehnte:

Die Lücke wächst.

Und:

Es wird wehtun.

Wie kannst du vor diesem Horizont deine Sehn-

sucht stillen und deine Angst bekämpfen? Wie kannst du glücklich werden? Meine persönliche Glücksformel besteht aus drei Sätzen. Glück ist:
Wissen, was man will.
Wollen, was man braucht.
Brauchen, was man kann.

Glück ist der Einklang von Wunsch, Bedürfnis und Kompetenz. Dass wir uns einen Zustand wünschen und brauchen, den man mit »Liebe auf Dauer« umschreiben kann, habe ich dargelegt. Bleibt die Frage, ob, was nötig ist, auch möglich ist. Ob unsere Überlebenschancen, die biologisch gesehen bei Null liegen, theologisch gesehen höher sind.

Damit erreichen wir die zweite Station unserer Himmelssuche. Wir schreiten vom Sehnen zum Suchen nach dem Glück, zunächst nicht im Himmel, sondern jenseits von Eden. Statt anstrengender Bergtour fröhliche Talfahrt.

Ab geht's.

2. Suchen

Glück. Gehabt.

Du willst glücklich werden? Dann solltest du an
- einen Lottogewinn
- einen Sieg bei »Deutschland sucht den Super-star«
- einen Chefsessel in einem Dax-Unternehmen

auf keinen Fall denken. Weil das alles, statistisch gesehen, den Frust, den Druck, den Stress nur er-höht.

»Erhörte Gebete« hieß der letzte Roman des amerikanischen Schriftstellers Truman Capote (»Kaltblütig«, »Frühstück bei Tiffanys«). Er beschrieb darin die destruktive Wirkung von Ruhm und Reich-tum. Er selbst starb an seinen eigenen Wohlstands-exzessen, bevor der Roman veröffentlicht wurde. Das, was wir für Glück halten, kann ein Fluch sein.

Gegenüber den Generationen vor uns haben wir einen entscheidenden Vorteil: Wir wissen ziem-lich präzise, was uns glücklich macht. Die Philoso-phie, Neurologie, Psychologie und die Wirt-schaftswissenschaften fusionieren zu einer neuen Meta-Wissenschaft, der Glücksforschung: Die soll den heiligen Gral unserer Sehnsüchte und Be-dürfnisse endlich zugänglich machen. Die bisherigen Ergebnisse der Glücksforschung lassen sich so zusammenfassen:

- Beziehungen machen glücklicher als Besitz.
- Aktion macht glücklicher als Konsum.
- Der »Flow«, also der Zustand gelassener Zufriedenheit, macht glücklicher als der »Kick«, der kurze Moment der Ekstase. Der Lebenskunstphilosoph Wilhelm Schmid spricht vom »Glück der Fülle«.

Die gute Nachricht der Glücksforscher: Glück ist machbar. Die schlechte Nachricht: Glück ist zwar machbar, allerdings kaum und selten. Ob wir glücklich werden, entscheiden nämlich vor allem:
- unsere Gene
- unsere Herkunft
- der Zufall. Oder das Schicksal. Oder die Fügung.

Fazit: Wer glücklich ist, hat Glück gehabt. Aber trotzdem kann man es ja versuchen, den Himmel auf die Erde zu holen. Darum geht es in diesem Kapitel.

Um uns glücklich zu fühlen, müssen wir etwas herbeiführen, das unser Hirn als so positiv bewertet, dass es die Wohlfühl-Wirkstoffe Endorphin, Dopamin, Noradrenalin oder Serotonin produziert. Nirgendwo passiert das so zuverlässig wie in der

Liebe.

Die schönsten Worte, ausgesprochen von der richtigen Person, sind:
Ich denke immerfort an dich.
Ich finde dich toll.
Ich liebe dich.

Wenn zu den Worten dann auch noch Berührungen kommen, spendiert uns das Hirn eine kräftige Glücksbotenstoff-Dusche. Wie schafft man es aber nun, dass die Gefühle nicht gleich wieder abklingen? Wie findet man die Liebe, die hält?

Romanze

Nach den Zeitschriftentiteln und dem Inhalt von Daily Soaps zu urteilen, leben wir im romantischsten Zeitalter überhaupt. Auf Fragebögen nennen junge Leute als ihren größten Wunsch fast immer: »Die Liebe meines Lebens finden.« Umfragen unter Studenten zeigen: Die meisten wollen lieber eine Familie als eine Firma gründen. Die vorrangigste Frage, wenn Single-Freunde sich treffen, ist: »Was tut sich an der Liebesfront?« Sie wünschen sich wilden Sex, aber auch jemanden, der ihnen im Alter den Rücken krault; jemanden, mit dem sie jetzt die Champagnerknorken knallen lassen und der ihnen in ein paar Jahren einen Tee aufsetzt; jemanden, der noch da ist, wenn nicht mehr die Schmetterlinge flattern, sondern im Schlafzimmer der Fernseher flimmert.

In früheren Zeiten war romantische Liebe in Ehen kollateral, heute ist sie für alle Paar-Beziehungen fundamental. Erst kommen die guten Gefühle, dann schaun wir weiter.

Um den Richtigen oder die Richtige zu identifizieren, haben wir manchmal nur 0,2 Sekunden. So lange braucht unser Unterbewusstes für den entscheidenden Ich-und-Du-Abgleich. Attraktiv? Sympathisch? Wenn unser Unterbewusstes auf »Match« entscheiden, kann etwas gehen.

Warum gelingt romantische Liebe so selten, zumindest langfristig? Gott hat Männer und Frauen als anschlussfähige Systeme geschaffen, aber unsere Kultur scheint ihre gegenseitige Anschlussfähigkeit zu unterminieren. Je lockerer man im 21. Jahrhundert wird, desto lockerer auch die Bindungen. Bei der Begrüßung reicht nicht mal mehr der förmliche Handshake; man umarmt sich, haucht sich Bussis auf die Wangen. Frauen und Männer finden nichts dabei, in der Sauna nackt nebeneinander zu sitzen, schrecken aber davor zurück, sich zu öffnen, die Seele bloßzulegen, sich emotional verletzlich zu machen.

Allem Gendermainstreaming zum Trotz verhalten sich die Adams und Evas immer noch wie die ersten Menschen. Ihre Herzen lernen einfach nicht, sich politisch korrekt zu benehmen. Die Männer fühlen sich zu Schönheit hingezogen (die eng mit Jugend korreliert ist), die Frauen zu Stärke. Männer heiraten sozial auch »nach unten«, Chefs ihre Sekretärinnen; Chefinnen sind immer noch nicht so weit, bei ihrem Gärtner oder Chauffeur um seine Hand anzuhalten. Immer mehr Menschen verschwinden als schwer vermittelbar im Singleloch. Vielleicht könnte man in Deutschland von den alten Babyloniern lernen. Der Historiker Herodot berichtet von einem ausgeklügelten Verkupplungssystem. Sobald die Frauen ins heiratsfähige Alter kamen, wurden sie jahrgangsweise versteigert. Die schönsten Frauen kamen zuerst unter Hammer und Haube. Der Gewinn, den sie erzielten, wurde dann bei den weniger Attraktiven als Mitgift draufgeschlagen. Wer sich angesichts derart frauenverachtender Praktiken schüttelt, sollte sich den zeitgenössischen »Paarungsmarkt« angucken. Amüsant illustriert wird er in der Komödie »Shopping«. Die Schönen und mental Stabilen erzielen auch hier die besten Preise und machen die besten Schnäppchen.

Und wenn zwei Menschen sich tatsächlich die berühmten drei Worte ins Ohr flüstern, ist das Happy End damit noch lange nicht garantiert. »I Love You« hieß ein Computervirus, der um die Jahrtausendwende unzählige PCs lahmlegte. Wie im richtigen Leben: Das Schönste, was Menschen sich sagen können, ist mit hohen Risiken und Nebenwirkungen verbunden. Wenn man sich verliebt, reagiert das Hirn wie ein Hauseigentümer, bei dem ein neuer Mieter einzieht. Die Zimmer werden bezugsfertig gemacht, die Wände neu bestrichen, vielleicht sogar eingerissen, die Möbel umgestellt. Im Psycho-Jargon würde man sagen: Die Motivationsstrukturen ändern sich, die Belohnungssysteme werden neu justiert. Der neue Partner wird in die eigene Gedankenwelt, sogar in die eigene Identität eingebaut. Zieht er wieder aus, gähnt die Leere, stört die Innendekoration, ist nichts, wie es sein sollte. Unsere Hirne sind nicht für Touristen und Kurzzeitbewohner gemacht. Leider findet man die tollen und verlässlichen Dauermieter so schwer.

»Nicht ganz, was ich geplant hatte«, lautet der Titel eines Buchs mit »Sechs-Wörter-Biografien«. Der traurigste Blitz-Lebenslauf heißt: »Fand wahre Liebe. Heiratete jemand anders.«

In dem Film »Schwarze Augen«, der vor 20 Jahren einen Oscar gewann, begegnen sich ein zynischer Italiener und ein romantischer Russe auf einem Schiff. Der Italiener, der eine Geliebte hat sitzen lassen, verteidigt sich mit den Worten: »Es ist das 20. Jahrhundert. Wer denkt da noch an jemand anderen? Wer wartet noch auf jemand anderen?« Der Russe hält dagegen: »Dieses Meer wird austrocknen. Aber das Gute, das wir getan haben, und das Böse, das wir angerichtet haben, wird uns für immer irgendwo anders begegnen.« Und der Italiener bekennt unter Tränen: »Ich habe jeden Tag gelebt, als wäre es der erste Entwurf. Ein Versuch, sonst nichts.«

Es ist das 21. Jahrhundert. Alle denken, vor allem an sich, alle warten, vor allem auf das große Glück, alle versuchen, die große Liebe zu realisieren. Meistens laufen wir aneinander vorbei, ab und zu einander in die Arme, oft ins offene Messer. Manchmal klappt es mit der Liebe. Vorübergehend.

Freundschaft

Erotik beruht auf der Anziehung von Gegensätzen, Freundschaft auf Ähnlichkeit. Freundschaften ergeben sich natürlicher, sind berechenbarer, steuerbarer. Freunde bleiben einem oft länger erhalten als Partner. »Und wenn die ganze Welt zusammenfällt, ein Freund, ein guter Freund …«

Der Begriff »Freundschaft« wird in letzter Zeit inflationär verwendet. Fast jeden Tag meldet sich ein anderer Mensch auf »Facebook« oder »Myspace«, der mein Freund sein will. Manche habe ich noch nie gesehen. Ich selbst habe es allerdings auch schon gemacht: Völlig Fremde darum gebeten, mein Internet-Freund zu sein. Freundschafts-Netzwerke sind Status-Symbole. Die erfolgreichsten Sozialnetzwerke, auch StudiVZ und MeinVZ, dienen weniger der Kontakterhaltung als der Beziehungsanbahnung. Soft Dating nennt man das. Allerdings führt der Chat in den seltensten Fällen zu ernsten Gesprächen, der Flirt fast nie zu tragfähigen Beziehungen. Aber die Zeit geht rum …

Die Real-Life-Variante zu den virtuellen Kontaktbörsen sind Partys und Events. Wie wichtig man ist, entscheidet sich daran, auf welchen Gästelisten man steht und welche Handynummern man abgespeichert hat. Zu vielen Empfängen werde ich berufshalber eingeladen. Die meisten erschöpfen sich im Meet und Greet, im Bussi und Byebye. Die Gäste kann man in »Geher« und »Steher« unterteilen; die Nobodys, die um die anderen herumschleichen, und die VIPs, die umgarnt werden. »Tanz der Vampire« denke ich manchmal. Weil alle aneinander saugen, Aufmerksamkeit und Zuneigung suchen.

Wir kommen mit immer mehr Menschen in Berührung. Gleichzeitig verliert der über Jahrhunderte angedickte soziale Klebstoff an Wirkung. Geliebt wird man von den Menschen, die einem bedingungslos wohlwollen und wohltun. Diese krisenfesten Bindungen werden weniger. Der Zwang zur Mobilität und das Postulat der Selbstverwirklichung sprengen vor allem den bewährtesten Generator von verlässlicher Liebe: die Familie.

Immer mehr junge Frauen sagen, sie »schaffen sich ein Kind an«. Als Freund, der bleibt, als Liebesgarantie. Dabei versichern uns Pädagogen, dass Kinder in der Rolle des Partner-Surrogats hoffnungslos überfordert sind, dass es ihnen nicht guttut, zu früh auf Augenhöhe mit Erwachsenen befördert zu werden. Dass sie so nicht lernen können, was Liebe ist.

Wenn echte Liebe nicht verfügbar ist, bleibt immer noch das Substitut. Die reine

Lust.

Liebe ist nicht machbar. Lust schon. Liebe muss ich mir schenken lassen, Lust kann ich mir selbst verschaffen. Je liebloser eine Gesellschaft, desto lüsterner. Wer das Vertrauen verlernt hat, konzentriert sich aufs Vergnügen. Lust ist die Droge des Liebesjunkies. Lust ist synthetisch, sie lässt sich erzeugen, sie macht kurzfristig glücklich und langfristig süchtig. Wenn ich mir den Teufel vorstelle, dann als einen Dealer, der mit Liebesersatzstoffen hausiert und uns zu Schwerstabhängigen machen will. Lust ist keine Sünde. Aber sie kann zur Sünde führen: dazu, dass wir andere Menschen für unseren Lustgewinn instrumentalisieren, missbrauchen, verletzen. Sünde ist Lust-Beschaffungskriminalität.

Die wichtigsten Lustspender sind Sex, Ruhm, Macht, Geld, Besitz, Amüsement. Wehe, wenn sie von sekundären zu primären Glücksquellen werden.

Sex

Die Berliner Busse fahren zwei vielsagende Werbemotive herum. Auf dem einen verkündet eine Internet-Kontaktbörse »Liebe ist kein Zufall«. Auf der anderen wirbt der größte Puff der Stadt für den Plan B, falls es mit der Liebe nicht hinhaut: den reinen Sex. Bindungsfreier Sex ist das Heroin des Liebessüchtigen. Die Aussicht auf Sex stimuliert andere Hirnregionen als das Gefühl der Liebe. Das eine geht also auch ohne das andere. Allerdings wird beim Sex, vor allem bei Frauen, automatisch eine Art Vertrauensdroge produziert: Oxytocin. Selbst wenn zwei Menschen nur das eine wollen, wünscht sich insbesondere das weibliche Gehirn, dass das Einssein über den Orgasmus hinausgestreckt wird.

Manche Frauen stört das. »Sex haben wie ein Mann«, titelte eine Modezeitschrift. Keine Versprechungen, keine Verletzungen, alles easy. Stolz vermelden Feministinnen, dass Frauen immer mehr

Pornos gucken und immer mehr Sexspielzeuge kaufen. Die pharmazeutische Branche wartet auf kein Präparat so sehnsüchtig wie auf Viagra für Frauen. Bei Männern nur eine Frage der Durchblutung und Hydraulik, bei Frauen, wie alles, komplizierter. Irgendwann wird ein solches Mittel in Apotheken erhältlich sein. Dann können sich beide gedopten Sexpartner fragen: Törnt mich die Droge an oder der andere? Wenn man überhaupt an den anderen denkt und einem nicht der Darsteller eines Pornos durch den Kopf turnt. Alternativ kann man sich mit Alkohol auf Touren bringen. Nüchtern schüchtern, voll toll.

Für ein Journalismus-Programm habe ich die renommierte Duke University, rund 500 Kilometer südlich von Washington, besucht. Durch einige Sexskandale und den Roman »Ich bin Charlotte Simmons« hat die Universität einen zweifelhaften Ruf erworben. Sie steht für die moderne »Hookup«-Culture, die Abschleppkultur. Dass jedoch nicht alle Studenten ihre Sexualität bindungsfrei »entdecken« wollen, zeigte eine vom Studentenrat organisierte Veranstaltung. »Date Week« nannte sie sich. Das Ziel: traditionelle romantische Rituale wieder zu etablieren, den aus der Liebe outgesourcten Sex zu re-romantisieren. Zu der Eröffnungsveranstaltung kamen rund fünfzig junge Frauen, aber nur fünf Männer, und auch die mussten mit Gratis-Pizzen zur Teilnahme bestochen werden. Die Männer störte die Hookup-Culture offenbar weniger. »Meine Mutter hat mir gesagt, vor 30 soll ich auf keinen Fall heiraten«, erzählte einer der Studenten, »und bis dahin will ich halt Spaß haben«. Die Mädchen guckten verständnisvoll und etwas verloren drein.

Immer mehr brünstige Kerle gehen bei wüsten Hiphop-Stars in die Schule: Schulabbrechern, die ohne Vater aufgewachsen sind, goldenes »Blingbling« um den Hals tragen und von »Schlampen« und »Fotzen« rappen. Für einen Fernsehbericht habe ich einen dieser selbstgestylten Bad Boys interviewt. »Das ist alles nur Show«, versicherte er mir. Seinen Fans sagt er dagegen: »Das ist alles wie im wahren Leben.« Die Fans glauben ihm. Sie kennen seine Texte auswendig, sie klicken sich im Internet durch Pornoseiten und zeigen am nächsten Morgen auf dem Schulhof via Handy die schärfsten herum. Der Leiter des Kinderhilfswerks »Arche« hat über »Die sexuelle Tragödie« dieser Kinder ein erschütterndes Buch geschrieben, über Kinder, die mit Sex angefixt werden, bevor sie Liebe kennen.

Ruhm

Was klingt noch schöner als »Ich liebe dich«, wirkt aber nicht so lange nach? Applaus. Rockstars berichten übereinstimmend, dass sie von den Ovationen des Publikums auf unvergleichliche Trips geschickt werden. Und dann anschließend, alleine im Hotelzimmer, regelrecht abstürzen. Denn natürlich wissen sie: Der Applaus galt nicht ihnen, sondern ihrer Performance und den Projektionen der Fans. Ruhm hat eine kurze Haltbarkeit. »Wenn du berühmt bist, hast du dieselben Probleme wie vorher«, habe ich von einem Hollywood-Star gelernt, »nur potenziert«.

Paradoxerweise zieht die Celebrity-Culture vor allem Menschen mit geringem Selbstbewusstsein an. Weil ihnen die Inszenierung die Möglichkeit gibt, Blicke auf sich zu ziehen, Aufmerksamkeit zu kontrollieren, Zuneigung zu erzwingen. Doch gleichzeitig werden die eigenen Schwächen im Rampenlicht gnadenlos angestrahlt, die Fremdbewertung wird zur belastenden Dauererfahrung, der Psychocrash ist vorprogrammiert. Verehrung kann nämlich schnell in Verachtung umschlagen. Auf einem Sommerfest beobachtete ich belustigt, wie das Berliner Playboy-Urgestein Rolf Eden herumschlich. Vor ein paar Jahren hätte er noch ein paar dralle Blondinen im Arm gehabt, jetzt grinsten selbst die Party-Hostessen ihn mitleidig an. Die anderen Festgäste witzelten, wenn er auftauchte. Von der großen Nummer war er zur Lachnummer geworden.

Ich habe die Wirkung der Ersatzdroge »Ruhm« schon selbst verspürt. Nicht, weil ich berühmt wäre. Berühmt, habe ich irgendwo gelesen, bin ich dann, wenn Verrückte sich für mich halten. Selbst wenn ich tausend »Tagesschau«-Aufsager habe, werde ich es nicht dahin schaffen. Bei der letzten »Berlinale« habe ich mich in die Pressekonferenz mit den Rolling Stones gedrängelt, anschließend auch in die von Madonna. Dabei mag ich beide nicht besonders. Ich wollte dabei sein, um später im Freundeskreis loslegen zu können: »Ich und die Stones«, »Ich und Madonna«. Ein paar Tage später bin ich an einer Disco vorbeigelaufen, als eine Stretchlimousine anhielt und Paris Hilton ausstieg. Die ist nur dafür prominent, dass sie prominent ist. Ich schaute trotzdem fasziniert zu, als sie in die Disco trippelte. Später baute ich die Episode in eine Predigt ein: »Ich und Paris Hilton …« Warum? Um Blicke auf mich zu ziehen, Aufmerksamkeit zu erzielen? Ja, auch. Ich geb's zu.

Das Dilemma des Prominenten, der immer neue Schlagzeilen generieren muss, wurde mir neulich bei einem Berliner Ausstellungs-Zyklus mit dem Titel »Unsterblich: Der Kult des Künstlers« bewusst. Am Anfang steht die stolze Deklamation von Joseph Beuys: »Wir sind die Revolution.« Am Ende die kleinlaute Kapitulation eines anderen Künstlers, Martin Kippenberger, vor dem gefräßigen Medienbetrieb: »Ich kann mir doch nicht jeden Tag ein Ohr abschneiden.«

Macht und Geld

Hier geht es nicht so sehr darum, Aufmerksamkeit zu generieren, sondern darum, Gehorsam zu erzwingen. Das Prinzip ist das gleiche. Deshalb korrumpiert Macht. Wenn man etwas durchstellen kann, ohne Überzeugungsarbeit zu leisten, verliert man am Ende sogar die eigenen Überzeugungen. Wer keine Macht hat und keinen Ruhm, kann sich mit Geld beides kaufen. Doch Geld macht nicht glücklich, bestätigen Glücksforscher. Über einem Sockelbetrag von 10 000 Euro im Jahr verkleinert Geld die Sorgen, beschert aber nicht mehr Glückserlebnisse.

Accessoires

Wer hat, will immer mehr. Psychologen sprechen vom »hedonistischen Hamsterrad«. Kaum ist eine

Konsumlust befriedigt, meldet sich eine neue. Ich zum Beispiel trete bei der Musik kräftig auf der Stelle. Auf meinen Computer habe ich so viele Tracks gespeichert, dass ich drei Jahre lang Tag und Nacht brauchen würde, um alle zu hören. Doch jedes neue Musikmagazin macht mich hungrig auf neue Veröffentlichungen. Dabei raffe ich Platten nicht aus nackter Besitzgier, sondern wegen der schönen Gefühle, die sie in mir auslösen. Der Freizeitforscher Horst Opaschowski bescheinigt mir und meinen Zeitgenossen eine »romantische Konsumethik«. Es geht nicht darum, was ich habe, sondern, was es in mir auslöst. Dabei ist die Verpackung oft wichtiger als der Inhalt, das Label zugkräftiger als das Produkt. Calvin Klein hat sein erfolgreichstes Männerparfüm mit einem Oxymoron etikettiert. »Eternity Moment – Ewigkeitsmoment«. Dabei ist nichts flüchtiger als der Duft, der einem Parfümflakon entsteigt. Besitz beruhigt. Er suggeriert Beständigkeit. Aber unsere kostbarste Ressource, die Zeit, verrinnt auf einer Rolex genauso schnell wie auf der Uhr aus einem 1-Euro-Shop.

Aktivitäten

In der Hollywood-Komödie »Das Beste kommt zum Schluss« geben zwei Krebspatienten, gespielt von Jack Nicholson und Morgan Freeman, zum Schluss noch mal alles. Besser gesagt: Sie nehmen alles mit: eine Reise zu den Pyramiden, eine Safari, sogar einen Abstecher auf den Mount Everest. Sie arbeiten eine »Was-man-schon-immer-tun-wollte«-Checkliste ab. Der Filmkritiker Roger Ebert, selbst schwer krebskrank, hat den Film verrissen. Er fühlte sich von der Nonchalance, mit der die Protagonisten ihren Krebs behandelten, veralbert. Er wusste: »An der Spitze meiner Checkliste in diesem Zustand wäre: eine Mahlzeit bei mir behalten, aufs Klo gehen können, am Nachmittag wach bleiben, meine Liebsten wissen lassen, dass ich sie liebe und meinen Arzt davon überzeugen, dass ich wirklich Schmerzen habe und nicht nur simuliere.«

Die meisten Menschen können sich einen luxuriösen Abgang ohnehin nicht leisten. Denn das Leben auf den letzten Metern ist teuer. Auf 50 000 bis 100 000 Euro haben Gesundheitsökonomen den Wert jedes Lebensjahres berechnet. Mehr sollte eine Therapie, die kranken Menschen zusätzliche 365 Tage beschert, nicht kosten. Mittlerweile fangen schon viele junge Menschen an, ihr Geld in die Verlängerung des eigenen Lebens zu investieren. Wenn man schon an keinen Gott glaubt, der unsterblich macht, dann neuerdings an Gene, die den Sterblichkeitsprozess hinziehen.

Nach diesen Genen wird in den Labors fieberhaft geforscht, und bis die neuen Anti-Aging-Präparate auf dem Markt sind, fangen schon Teenager an, sich Faltencreme aufs Gesicht zu schmieren. Später lassen sie sich Botox spritzen. Straffen, glätten, verlängern ...

Sie melken das Leben und auch ihr Konto bis zum letzten Tropfen. Um den eigenen Abgang sollen sich die anderen kümmern. Billig-Beerdigungen sind im Trend, Geiz vor allem auf Friedhöfen geil. Zwei Drittel der Toten werden mittlerweile eingeäschert, in Teilen Ostdeutschlands sind es 90 Prozent, Bestattungsdiscounter bieten das Komplettpaket inklusive kleiner Zeremonie schon für 999 Euro an. Anders als früher lassen sich auch Eheleute immer seltener nebeneinander sondern übereinander beerdigen. Spart Platz und Geld, und das will man ja vorher ausgeben.

Hier in Berlin gibt es genug Gelegenheiten dafür. Jeden Tag finden hunderte von Partys statt. Hunderte von Gelegenheiten, nach Liebe und Lust, nach Sex, Aufmerksamkeit, Rausch zu suchen. »Berlin ist wie Bangkok während des Vietnamkrieges«, schwärmt ein DJ in einem Zeitschrifteninterview. Eine Amüsiermetropole. Zweck: Die Zeit rumkriegen.

Und du?

Genug Glück gehabt?

Wenn du Pech hast, sagst du Ja.

Dann kennst du meinen Glücksbeschaffungs-Kanon aus der eigenen Praxis und hast bereits eine ansehnliche Zahl glücklicher Momente angehäuft. Du bist dabei vermutlich nicht plump und gierig vorgegangen, sondern klug und maßvoll. Du weißt, wann du aufhören musst, wie du den Genuss strecken und veredeln kannst. Du hältst Diäten ein, machst Yoga, guckst kein Trash-TV. Du verhältst dich in deinen Beziehungen einwandfrei und beendest sie so, dass ihr Freunde bleibt.

Währenddessen wirst du älter. Das Alter hat für dich keine Verheißung. Im Hochgeschwindigkeitszeitalter sind Erfahrung und Lebensklugheit nicht mehr viel wert. Dein Körper wird zur teuren Baustelle und du zum Ballast. Du siechst. Alle siezen dich. Die ersten sagen »Opa«. Du trainierst dein Gedächtnis, gehst zum medizinischen Check-Up und wirst, wenn dein Herz mitmacht und kein Krebs dich auffrisst, über hundert. Vorher machst du noch mal eine Weltreise und sagst deinen Rentnerfreunden: »Das nimmt mir keiner mehr weg.« Irgendwann klemmt dich eine Schwester an Schläuche, schließt dich an eine Schmerzpumpe. Du denkst nicht: »Es ist alles so schnell vorbeigegangen«, weil du dich an nichts mehr erinnerst und nur noch deine Schmerzen spürst. Du dämmerst stöhnend weg. Deine Beerdigung kostet 99 Euro, bezahlt aus Steuermitteln. Einer von zehn Milliarden weniger. Und selbst, wenn die Beerdigung 9999 Euro gekostet hat und genauso viele Leute zur Einäscherung gekommen sind. Was ändert das?

Wenn du Glück hast, weißt du, dass du nicht genug Glück gehabt hast. Nie genug haben wirst. Dass dein Liebestank immer halbleer sein wird. Auch wenn du materiell abgesichert bist, wenn du nicht, wie manche Hartz IV-Empfänger, die Servietten bei McDonalds klaust, weil du dir kein Klopapier leisten kannst. Du hast trotzdem gemerkt, dass du mehr rote als schwarze Zeilen schreiben wirst. Dass du im Defizit landen wirst. Dass du beim Multi-Tasking mit der Zeit mehr Bälle fallen lassen wirst, als du jonglieren kannst.

Du stellst die Glückssuche ein und fragst dich:

Was soll das? Warum spüre ich diese Sehnsucht, wenn sie nie erfüllbar ist?

Du stellst die Sinnfrage.

3. Fragen

Wir geh'n kaputt. Gehst du mit?

Ein Buchgeschäft in einer großen deutschen Universitätsstadt, links die Uni-Aula, rechts eine berühmte Kirche. Ich suche Bücher über den Himmel. Auf der Hinweistafel finde ich die Abteilung »Religion« gar nicht. Nur »Esoterik« steht da, 1. Obergeschoss. Ich frage an der Info-Theke. »Religion ist im 2. Stock, ganz hinten rechts.« Ein kleines Regal. Auf dem Tisch davor liegen die aktuellen Bestseller. Großflächig ausgestellt, ein buddhistischer Ratgeber: »Wo nichts ist, kann auch nichts fehlen.«

Willkommen in der Welt der reinen Diesseitigkeit.

Du bist ein soziales Wesen. Du zimmerst dir dein Weltbild nicht alleine, sondern orientierst dich an den Bauskizzen deiner Mitmenschen, vor allem an denen aus deinem engsten privaten Umfeld. Die schielen wiederum auf das, was die sogenannten Meinungsmacher vorgeben. Und die?

Wenn ich Interviews mit Prominenten oder deren Autobiografien lese, interessieren mich vor allem die Stellungnahmen zum Glauben. In den letzten Wochen sind mir die folgenden aufgefallen:

Ex-Kanzler Helmut Schmidt gesteht, dass er weder an einen persönlichen Gott noch an ein Leben nach dem Tod glaubt: »Gleichwohl nenne ich mich noch einen Christen und bleibe in der Kirche, weil sie Gegengewichte setzt gegen moralischen Verfall in unserer Gesellschaft und weil sie Halt bietet.«

Die beiden Großliteraten Günther Grass und Martin Walser bekennen sich in einem Doppelinterview zu einem radikalen Vitalismus. Grass: »Ich glaube weder an Gott noch an Götter. Ich glaube, das alles, was da ist, alles Lebendige zählt.« Walser assistiert: »Nur das Lebendige zählt.« Ich sehe die beiden Über-Achtzigjährigen vor mir und fasse mir an den Kopf.

Der Anthropologe Claude Lévi-Strauss wird mit der Einschätzung zitiert: »Ich bin fest davon überzeugt, dass das Leben keinen Sinn hat, dass Nichts irgendeinen Sinn hat.«

Rund hundert »führende Denker unserer Zeit«, zumindest nennen sie sich selbst so, geben auf der Internetseite »The Edge« zu den wesentlichen Fragen der Menschheit Auskunft. Frage: »Was ist Ihre gefährlichste Idee?« Es kommen die folgenden Antworten: »Wir haben keine Seele«, »Wir sind ganz alleine«, »Das hier, ist alles, was existiert.« Nächste Frage: »Was macht Sie optimistisch?« Antwort: »Das Aussterben der Religionen.« Ein Nobelpreisträger, den das US-Nachrichtenmagazin Newsweek zu seiner Einschätzung der Zukunft gefragt hat, meint: »Es wird weniger Platz für Religionen geben.« Seine Begründung: »Die Wissenschaft erklärt mehr und mehr.« Die Ultimo Ratio ist für diese Wissenschaftler, dass die Ratio Ultimo ist. Neu ist daran allerdings nichts. In Wolfgang Koeppens Nachkriegsroman »Das Treibhaus«, erschienen vor über 50 Jahren, spricht der Autor von »einer schon damals nicht mehr ganz neuen Literatur fortschrittsgläubiger Naturerkenntnis«. Mit »damals« meint Koeppen die Zeit vor dem Ersten Weltkrieg. Den damaligen Zeitgeist charakterisiert er so: »Die Welträtsel schienen gelöst zu sein, und nachdem er den unvernünftigen Gott vertrieben hatte, brauchte der Mensch nur noch alles sachlich zu ordnen.« Die Wissenschaftler, die sich »on the edge«, also auf der Kante des Fortschritts wähnen, dudeln in Wirklichkeit 100 Jahre alte Oldies herunter.

»Soll ich an die große Liebe glauben?« heißt ein Buch, in dem Kinder ältere Prominente nach deren Lebensweisheiten fragen. Fast alle Kinder wollen wissen, ob es nach dem Tod weitergeht. Fast alle Prominente antworten ausweichend. »Das wird sich zeigen« gehört noch zu den hoffnungsvollsten Erwiderungen.

Kult-Status hat inzwischen die »letzte Vorlesung«, die der an unheilbarem Bauchspeicheldrüsenkrebs leidende Professor Randy Pausch hielt. Er war erst 46 Jahre alt. »Ich habe eine Sterbebett-Bekehrung erlebt«, begann er, »ich habe mir einen Macintosh-Computer gekauft.« Nach diesem Gag fing er an, die Summe seiner Welterfahrungen mitzuteilen: »Beschwert euch nicht. Arbeitet härter. Entwickelt eure Talente. Entschuldigt euch, wenn ihr Mist baut. Seht immer das Beste in anderen. Seid vorbereitet.« Er hatte seiner Vorlesung den Titel gegeben: »Wie man sich seine Kindheitsträume erfüllt.« Seine Kindheitsträume, so erklärte der Dozent, hatte er sich erfüllt. Jetzt konnte er sterben. Ohne Ewigkeitshoffnung. Die Studenten gaben ihm minutenlange stehende Ovationen.

Über 400 Berühmtheiten haben bisher in der Rubrik »Ich habe einen Traum« des ZEIT-Magazins ihre Sehnsüchte geschildert. Ich habe nur vier gefunden, die sich explizit nach dem Himmel sehnen, zuletzt der Musiker Lenny Kravitz. Ein Prozent. Der Rest lebt nicht nur, sondern träumt auch jenseits von Eden.

Die Schule der reinen Diesseitigkeit wurde bereits 300 Jahre vor Christus von dem griechischen Philosophen Epikur begründet. Ihn beschäftigte die Frage, wie man zu Lebzeiten am besten glücklich werden könne, da anschließend ja nichts mehr komme. In einem Brief an einen Freund schrieb Epikur: »Gewöhne dich an den

Gedanken, dass der Tod für uns keine Bedeutung hat, da ja alles Gute und Schlechte eine Frage der Wahrnehmung ist. Der Tod aber ist die Beraubung der Wahrnehmung.« Ich geh kaputt, gehst du mit, und unterwegs lassen wir es uns gutgehen.

Das, was vor fast zweieinhalb Jahrtausenden eine kleine Gruppe Bessersituierter geglaubt hat, ist mittlerweile die Lebensphilosophie *de jour*, institutionell abgesichert durch die wichtigsten Bildungs- und Kulturinstitutionen, permanent verstärkt durch die Verlautbarungen der wichtigsten Bewusstseinsmacher. Da vor allem wir Deutsche eher eine »top down« als »bottom up« Mentalität haben, da wir uns eher unsere Meinung herunterreichen lassen, als uns selber eine zu machen, führt das zur fortschreitenden Säkularisierung. Der vielbeschworene Werte-Relativismus und Multi-Optionalismus ist nur die Folge des Ich- und Jetzt-Absolutismus, auf den uns jeder billige Werbespruch trimmt. Make the Most of Now. Ichjetztalles.

Es hat, wie gesagt, etwas länger gedauert.

Die Kultstätten, die von Archäologen am weitesten zurückdatiert werden, sind Gräber. Als Nächstes entstanden Tempel. Heute werden immer mehr Friedhöfe »rückgebaut«, die Gräber planiert, die Bestattungen entsakralisiert. Und die Tempel bzw. Kirchen, die aus Geldmangel dichtgemacht werden, verwandeln sich in Partyorte, die Discokugel ersetzt das Kreuz. Geile Locations. In der Berlin-Kreuzberger Passionskirche stellte vor einiger Zeit eine Rockgruppe ihr neues Album vor: »Ich – Luzifer«. Eine echte Trendwende.

In einem Berliner Theater wird ab und zu das Sechs-Stunden-Drama »Die Gottlosen« aufgeführt. Es handelt vom Glaubensverlust einer französischen Adelsfamilie. »Immerhin ist Religion ein Thema«, habe ich gedacht, als ich die Eintrittskarte gekauft habe. Vor der Vorstellung musste ich auf die Toilette. Kaum öffnete ich die WC-Tür, schallten mir aus Lautsprechern Gregorianische Gesänge entgegen. Offenbar wollten die Veranstalter damit ein Statement machen. Gott im Orkus.

»Spuren des Geistigen« ist der Titel einer Ausstellung, die ein paar Monate lang im Münchener »Haus der Kunst« zu besichtigen war. Im ersten Raum hingen links Bilder von Caspar David Friedrich. Kirchenruinen im Wald und in Winterlandschaften. Rechts fanden sich Porträts von Friedrich Nietzsche, dazu Textauszüge zum Tod Gottes. Am Ende des Raums prangte ein Triptychon von Damien Hirst mit dem Titel »Vater, vergib mir, denn ich habe gesündigt.« Drei schwarze Tafeln. Gott als dreigeteiltes schwarzes Loch. Dunkel und nichtig. Die Ausstellung hätte auch »Gott. Vorbei« heißen können oder »Himmel. Geschlossen.«

War es dem biblischen Bericht zufolge die

Skepsis der Menschen, die sie aus dem Paradies vertrieb (»Sollte Gott gesagt haben?«), ist es heute ihre Arroganz (»Gott existiert nicht«), die sie das Paradies ganz vergessen lässt.

Inzwischen basteln wir uns unsere eigenen Paradiese. In dem bis dato aufwendigsten Computerspiel aller Zeiten, »Spore«, kann man eigene Welten und Wesen erschaffen, die Amöbe zum Weltraumeroberer hochzüchten. Den Begriff »Schöpfung« verwenden wir immer öfter, wenn wir von menschlicher Kreativität sprechen. Wenn wir die Entstehung des Seins meinen, sprechen wir von Evolution.

Die Evolutionstheorie steht am Scheitelpunkt dieser kognitiven Revolution von Transzendenz zu Immanenz. Für die Evolutionstheorie spricht vor allem zweierlei: erstens der Fossilienbefund, zweitens die alltägliche Erfahrung, dass Lebewesen nicht einfach da sind und wieder verschwinden, sondern sich entwickeln. Allerdings ist Evolution gar keine Schöpfungsalternative, sondern ein Schöpfungsprinzip. Sie erklärt das »Wie«, die Bibel das »Warum«, »Woher« und »Wohin«. Dafür, dass die Evolutionstheorie zur Weltformel mit Allerklärungsanspruch mutierte, sorgten atheistische Denker wie Nietzsche. Sie konstatierten den Tod Gottes und postulierten die Selbstermächtigung des Menschen: Er sollte sich seine Welt und seine Werte selbst schaffen, sein Dasein, wenn er es schon nicht verlängern konnte, wenigstens intensivieren.

Nietzsche hat gewonnen.
Darwin hat gewonnen.
Epikur hat gewonnen.
Wir haben verloren: das Paradies.

Während Bücher über klassische Religionsthemen subventioniert werden müssen, um überhaupt auf den Markt zu kommen, explodiert der Absatz von »Ich«-Ratgebern und »Ich«-Analysen. Die moderne Leitwissenschaft ist die Neurologie. Die Hirnareale Amygdala, Hypothalamus und Hippocampus sind bekannter als die Gottesnamen der heiligen Dreifaltigkeit.

Der wissenschaftlich verbrämte Unglaube hat drei Gründe.

1. Wissensdurst: Menschen wollen immer mehr wissen, wollen Grenzen überwinden. Die Grenze »Tod« bleibt allerdings hundertprozentig dicht, das »Danach« bleibt unserer Spekulation, Imagination oder eben göttlicher Inspiration überlassen. Also fokussieren wir unsere Neugier auf das, was im Radius unserer Sinne liegt. Aristoteles: »Die Seele flieht, was sie nicht erkennt, das Dunkle und Unklare, und trachtet ihrer Natur entsprechend nach dem Hellen und Erkennbaren.«

2. Gewissheitsdurst: Menschen lieben geschlossene Systeme, weil man sich in ihnen einrichten kann. Der Glaube daran, dass es nur die Materie gibt und sonst nichts, suggeriert uns Autonomie und bedient unseren Wunsch nach Kontrolle.

3. Durst: Ich meine damit Gier. Wenn wir alle Zeit und Energie darauf verwenden, das Jetzt auszukosten, kurbelt das den Konsum an. Rein diesseitig ausgerichtete Menschen sind bessere Kunden.

Einspruch, sagst du. Der harte Atheismus ist doch schon auf dem Rückzug. Die Religion kommt zurück. Aus dem Dialog zwischen Diesseitsaposteln und Jenseitsevangelisten wird eine neue, reine Lehre entstehen.

Irrtum.

Die Religion ist zwar zurück, aber amputiert und domestiziert, abgeschafft als weltanschaulicher Hausherr, wieder aufgenommen als fügsamer Untermieter. Die Religion soll für die Deckenbeleuchtung sorgen, aber bitte nicht zu grell. Und für das allgemeine Wohnklima, aber bitte nicht zu laut. »Die Mode wird fromm«, verkündet eine Zeitschrift und lässt schöne Priester und sexy Nonnen aufmarschieren. Heilige Haute Couture von Gucci, Prada, Joop und Louis Vuitton, beworben mit Bibelsprüchen. Auf der Designmesse in Berlin stellen Studenten zeitgemäße Sakralobjekte vor, unter anderem einen elektronischen Weihrauchspender.

Nicht nur die um ihre geistliche Vollmacht kastrierte Religion ist auf dem Vormarsch, auch alles, was man vage als »Spiritualität« bezeichnet. Spiritualität bedeutet zunächst einmal nichts anderes als »Geistigkeit« und meint eine Lebenseinstellung, die über das Materielle hinausreicht. Der gläubige Mensch hat einen Sinn gefunden, der spirituelle Mensch sucht ihn immerfort. Glauben im Konjunktiv und als Koketterie. Neuerdings vorzugsweise im Buddhismus. Der schon zitierte Claude Lévi-Strauss findet den Buddhismus von allen Religionen am attraktivsten, eben »weil er die Auffassung vertritt oder zulässt, dass es keinen Sinn gibt, dass in der Abwesenheit des Sinns, im Nicht-Sinn die letzte Wahrheit liegt«. Der Buddhismus verspricht nicht Erlösung, sondern Erkenntnis. Das System bleibt geschlossen: Was du siehst, ist, was es gibt. Die Attraktivität des Buddhismus wird auch dadurch nicht gemildert, dass dieser auf einer – milde ausgedrückt – gewagten These aufbaut, nämlich: »Leben ist Leiden«, krass formuliert: »Das Leben ist scheiße.«

Eine in vielen Wellness-Büchern angepriesene Buddhismus-Variante ist »Zen« und der predigt als Ziel, keins zu haben. Im Jetzt zu leben. Dabei kollidiert auch das mit der menschlichen Grundbefindlichkeit, zu wünschen, zu sehnen, zu hoffen. Die heutzutage angesagte Spiritualität, ob nun buddhistisch angehaucht oder nicht, setzt auf die Aussöhnung mit der Endlichkeit, auf die Kapitulation vor dem Tod.

Die Welt der reinen Diesseitigkeit braucht die Religion und die Spiritualität aus drei Gründen.

1. Weil das säkulare Weltbild nicht rational rund ist. Die Vorstellung, das Etwas aus Nichts, Leben aus toter Materie, Ordnung aus Chaos entsteht, hat nichts an Absurdität eingebüßt. Das Zukunftsmagazin »Wired« listete unlängst einige der Fragen auf, die auf absehbare Zeit nicht beantwortet werden können: »Woraus besteht das Universum?« – »Woher kommt die Schwerkraft?« – »Woher kommt das Leben?« – »Woher kommt das Bewusstsein?« – »Warum stellen wir solche Fragen?« Gewissheiten gibt es keine, nur Ahnungen.

2. Weil das säkulare Weltbild nicht moralisch glatt ist. Wer jenseits von Eden denkt, denkt irgendwann auch jenseits von Jedem, das heißt: nur an sich. Werte, die auf einer Basis des »Good Will« ausgehandelt werden, verlieren ihre Verbindlichkeit spätestens, wenn das »Good Life« aufhört. Wo die höchste Instanz des Jüngsten Gerichts ausfällt, zählt nicht die Güte, sondern die Stärke.

3. Weil das säkulare Weltbild zwar nach Wahr-

heit klingt, aber nach Lüge riecht. Unsere Vernunft sagt: Das hier ist alles. Unser Instinkt sagt, das hier kann nicht alles sein. Der streitbare Intendant der Berliner »Volksbühne«, Frank Castorf, hat mich mit dem Bekenntnis überrascht: »Ich glaube, dass es außerhalb von uns irgendetwas gibt, das uns geschaffen hat.« Der Songwriter Randy Newman, selbst Agnostiker, gibt zu: »Ewiges Leben – das wäre schön.«

Jetzt muss nur noch jemand sagen, wie es geht.

Wie wär's mit der Kirche? Was ist mit ihrem Sinnangebot?

Tja. Äh. Hm.

Ich habe in den letzten zwei Jahren rund hundert Gottesdienste besucht. Anzahl der Predigten über den Himmel:

0.

Nicht viel öfter kommt das Thema in frommen Büchern vor und wenn, dann hinten kurz vor dem Register. Die Autoren eiern schlimmer herum als Faust beim armen Gretchen. »Gott kennt uns noch im Tod«, lese ich, oder »wir wachsen im Sterben in seine Liebe hinein«, oder »wir fallen nicht tiefer als in seine Hand«. Das klingt abstrakt, distanziert, mehlig, spaßfrei. Wen soll das kicken, mit wessen Sehnsüchten soll das klicken?

Himmel verkehrt. Die Kirche hat ihn geräumt, die

Popkultur zieht ein. Die Rockband »Oasis« nennt ihr Comeback-Album »Dig Out Your Soul« – Grab deine Seele aus – und Peter Maffay singt auf seiner Platte »Ewig« die Songs »Wie im Himmel« und »Die Liebe bleibt«. Von der Kirche kriege ich dagegen Einladungen zu Veranstaltungen über den Afghanistan-Konflikt und den Demografie-Knick. Da muss ein Knick in der Optik vorliegen.

»Glaube versetzt Berge«, steht auf einem Pro-Religionsunterricht-Werbeplakat, das vor vielen Berliner Kirchen hängt. Dass Gott auch einen Stein vom Grab wegrollen kann, glauben einer Umfrage zufolge nur zwei Drittel der deutschen Pfarrer, die Anzahl der Theologen dürfte noch darunter liegen. »Schluss mit oben ohne«, habe ich auf einem anderen kirchlichen Werbeplakat gelesen. Ich habe einen Augenblick lang Hoffnung geschöpft. Dann habe ich gemerkt: Es wurde nur für neue Kirchtürme gesammelt.

Als evangelischer Pfarrerssohn beschäftigt mich vor allem die Himmelsvergessenheit in meiner eigenen Denomination. Ich kehre vor meiner Tür, denn da liegt genug Laub.

Im monatlichen PR-Blatt meiner Kirche, »Chrismon«, gibt es die Rubrik »Sieben Fragen an das Leben«. Das letzte Mal, als ich den Fragebogen gelesen habe, nahm ein Romanautor Stellung. Frage: »An welchen Gott glauben Sie?« – »An gar keinen.« – »Muss man den Tod fürchten?« – »Jeder Mensch hat Angst vor dem Sterben und dem Tod, da muss man gar nicht drum herumreden.« – »Hat das Leben einen Sinn?« – »Nein.« Ich habe mir die alten Ausgaben derselben Zeitschrift vorgenommen, alle anderen Fragebögen studiert. In drei von vier bekannten sich Prominenten zum Nicht-Glauben. »Stellen Sie sich vor, wir müssten ewig leben – schrecklich«, sagt einer. »Ich glaube, nach dem Tod kommt nichts mehr«, sagten fast alle.

Wer allzu unbekümmert vom ewigen Leben redet, bekommt schnell die Arroganz der arrivierten Theologen und Funktionäre zu spüren. Hochgezogene Augenbrauen, leere Blicke, heruntergezogene Mundwinkel. Ich erinnere mich noch gut daran, wie ich mich vor zehn Jahren vor dem Chef meiner damaligen Landeskirche als Christ mit fröhlicher Himmelshoffnung outete. Ich erwähnte auch, dass ich der Sohn eines Pfarrers sei. »Ihr Vater arbeitet bestimmt für eine Freikirche«, sagte der Würdenträger und drehte sich zum nächsten Gesprächspartner um.

In evangelischen Akademien werden lieber Schöngeister eingeladen, die für ein abgespecktes Minimalcredo stehen. Hier ist Jesus krepiert am Kreuz und vermodert im israelischen Boden, auf dem dann wundersamerweise die Weltkirche entstanden ist. Glaube für Skeptiker und Agnostiker, als ob das nicht ein Widerspruch in sich wäre. Wie Liebe für Zyniker und Autisten. Dabei ist der Versuch, das Paradies in der menschlichen Fantasie zu verorten oder als gesellschaftspolitische Utopie zu redesignen, ein über hundert Jahre alter Ladenhüter. Wo das leere Grab gepredigt wird, sind die Kirchen voll, wo suggeriert wird, der Stein könnte vor dem Grab geblieben sein, bleiben auch die Herzen dicht. Mich erinnern die skeptischen Jesus-Sympathisanten an die traurigen Nichtschwimmer in meiner Schulzeit. Vom Beckenrand aus sahen sie zu, wie sich andere ins tiefe Wasser vorwagten. Schön blöd nur, wer von ihnen etwas über Wassersport lernen wollte.

Ich habe einen Kirchenfunktionär gefragt, was er für die Stärke der Kirche hält. »Bei uns darf gezweifelt werden«, lautete seine Antwort. Ich stutzte: »Und weiter?« Doch er insistierte: »Es ist ganz wichtig, auch den Zweifel zuzulassen.« Ich wollte ihn auf religionssoziologische Studien aufmerksam machen, die belegen: nur Kirchen, die ihren Mitgliedern eine konkrete Hoffnung vermitteln und einen nahen, im Alltag erfahrbaren Gott predigen, boomen. Aber ich zweifelte, ob das etwas bringen würde.

»O meine armen Kinder«, sagt der Pater in Selma Lagerlöfs Roman »Das Wunder des Antichristen«: »Ihr habt den Antichristen unter euch gehabt, und er hat Gewalt über euch erlangt. Ihr habt den Himmel vergessen. Ihr habt vergessen, dass ihr eine Seele habt. Ihr denkt nur noch an diese Welt.« – »Wenn Christus nicht von den Toten auferstanden ist, ist euer Glaube nichts als eine Illusion«, schrieb der Apostel Paulus vor 2000 Jahren, »wenn der Glaube an Christus uns nur für dieses Leben Hoffnung gibt, sind wir die bedauernswertesten unter allen Menschen.«

Inzwischen assoziiert man Kirche eher mit »retro« als mit »futuro«. Auch ästhetisch ist sie von gestern, irgendwo zwischen Barock und Siebziger-Liedermacherpop angesiedelt. Manche trost- und endlosen Orgelvorspiele eignen sich eher als Beerdigungsrequiem oder als Soundtrack für einen Horrorfilm; jedenfalls passen sie nicht zu einer Veranstaltung, die Zuversicht und Aufbruchsstimmung vermitteln soll.

Vor Kurzem hat die Luther-Dekade begonnen. Zehn Jahre lang wird der Thesenanschlag von Wittenberg gefeiert. Eine gute Gelegenheit, um sich den eigentlichen Anlass dieser Epochenwende ins Bewusstsein zu rufen. Luther, der lebensfrohe und gleichzeitig melancholische Vollmensch, wollte die restriktiven Himmels-Einlasskontrollen lockern. Die Reformation war ein bloßes Nebenprodukt. Doch was erlebe ich, als ich Wittenberg besuche? Nachmittags einen Gottesdienst, in dem über die Gesundheitsreform doziert wird, abends ein Musical über den »Luther-Blues«. Wenn Luther heute leben würde, hätte er tatsächlich den Blues.

Wer die Kirche kritisiert, kriegt von deren Angestellten oft zu hören: »Die Kirche gibt's so lange …« – ich spreche den Satz dann stumm weiter: »… und wird deshalb hoffentlich noch bis zu meiner eigenen Verrentung bestehen«. Die Bitte, vielleicht doch etwas öfter von den letzten Dingen zu predigen, wird gerne gekontert mit: »Wir wollen den Leuten keine Höllenangst einjagen.« Klar, deshalb redet man statt vom Himmel auch vorzugsweise von Genoziden und Klimakatastrophen.

Das vergangene Osterfest habe ich in den USA verbracht. In den Städten Durham und Chapel Hill, einer Region, die von einer Szenezeitschrift unter die Top 3 »der progressivsten Orte in den Vereinigten Staaten« gewählt worden war, kein Fundamentalisten-Nest also. Ich habe in diesen Tagen ein Dutzend Gottesdienste verschiedener Denominationen besucht. Die Besucherzahlen schwankten zwischen 200 und 2000. Ich habe 100-köpfigen Gospelchören zugehört, ich habe am Palmsonntag mit Menschen aller Hautfarben Palmwedel geschwenkt, habe mit ihnen in der Nacht zum Ostersonntag »He is risen – er ist auferstanden«, gerufen und dabei mit meinem Schlüsselanhänger geklingelt. Ich habe Ewigkeitshoffnung gefühlt. Zum Himmelfahrtsfest war ich wieder in der deutschen Heimat. Beim TV-Zappen geriet ich in den Fernsehgottesdienst. Ich sah gesenkte Köpfe, zerknirschte Mienen, zusammengepresste Lippen beim Gesang. Dominante Kleiderfarbe: schwarz. Ich hörte einem Pfarrer zu, der in einem gestelzten Duktus predigte, als würde er Otto Waalkes »Wort zum Sonntag«-Persiflage imitieren. Ein sterbenskranker Freund erzählte mir später, dass er denselben Gottesdienst gesehen hatte. »Ich habe mich so deprimiert gefühlt«, stöhnte er.

Auf jeden Gottesdienst in Berlin kommen rund 30 Besucher. »Wenn weniger Leute da sind, komme ich näher mit ihnen ins Gespräch«, redete eine Pastorin das in einem Zeitungsartikel schön. »Gott, wir bekennen dir, wir brennen nicht«, habe ich neulich eine andere Pfarrerin beten gehört. Sie stand mit dem Rücken zur Gemeinde, die Stimme so flach und traurig, als wollte sie den letzten glimmenden Funken auch noch auslöschen. Am Ende hat sie mit der Gemeinde routinemäßig das Vaterunser intoniert. Das Gebet beginnt bekanntlich mit »Unser Vater im Himmel« und endet mit »in Ewigkeit. Amen«. Nur in diesem Kontext erhält der Glaube sein Feuer. Höchste Zeit, dass man sich in der Kirche wieder daran erinnert. Auf den Sinnverlust folgt nämlich der Bedeutungsverlust an der Basis. Erst oben ohne, dann unten ohne.

Beim Autofahren bin ich zufällig in eine Radioshow geraten. Der Moderator Christian Ulmen hatte sich in den Kopf gesetzt, die Kirche um eine Einschätzung zu einem aktuellen Thema zu bitten. Wahllos rief er bei verschiedenen Pfarrämtern und Klöstern an. Beim ersten Versuch meldete sich ein Anrufbeantworter. Beim zweiten Versuch wimmelte die Sekretärin ab: »Nicht zuständig.« Beim dritten Versuch meldete sich eine Frauenstimme. »Ist der Pfarrer zu sprechen«, wollte der Moderator wissen. »Nee.« – »Warum?« – »Der ist tot.« – »Ach so. Hm. Und sein Nachfolger?« – »Gibt's nicht.«

Die Kirche geht den Weg allen Fleisches und aller Behörden. Je länger eine Behörde besteht, desto weniger richtet sie sich auf ihr eigentliches Ziel aus, sondern beschäftigt sich mit der Selbstfindung, der Selbsterhaltung, der Selbstverwaltung.

Die zwei gefährlichsten Himmelblocker sind Konformismus und Bürokratismus.

Konformismus

Weil das System »Kirche« primär auf Selbsterhaltung ausgerichtet ist, strebt es danach, sich nicht nach oben, sondern nach außen abzusichern, bei den gesellschaftlich relevanten Kräften. Seit dem immer noch verehrten Haupt-initiator des großen Dogmen-Ausverkaufs, dem Theologen Friedrich Schleiermacher, buhlt man um Zustimmung bei den »Gebildeten unter den Verächtern« der Religion. Das hat in zweihundert Jahren zwar nichts gebracht außer leeren Bänken und Kassen, desorientierten Pfarramtskandidaten und verunsicherten Kirchenmitgliedern. Dennoch dürfen die unseligen Jünger von Schleiermacher, Bultmann, Sölle und Co. weiter an Universitäten ihr Unwesen treiben. Das ist so vernünftig, wie wenn man fußballkritischen Sportphilosophen die Ausbildung von Bundesligatrainern überlassen würde.

Die Kirche sucht aber nicht nur den Schulterschluss mit den Mächtigen, sondern auch mit der Bevölkerungsmehrheit. Hier rächt sich, dass die Kirche schon lange ihren Bekenntnischarakter verloren hat. Mitglied ist, wer zahlt. Das feurige Aroma einer Bewegung wurde längst vom Mief eines Vereins verdrängt. Die Mehrheit der Deutschen, auch der kirchensteuerzahlenden, sehnt sich zwar insgeheim nach dem ewigen Leben, gesteht sich das aber, wie bereits dargestellt, nicht ein. Die Mehrheit reklamiert für sich eine Kirche, die sich bloß kümmert, aber nicht predigt. Die Kirche der Zukunft gibt den Leuten aber nicht, was sie wollen, sondern was sie brauchen.

Bürokratismus

Den Behördencharakter der Kirche erkennt man daran, dass ihre Repräsentanten am liebsten über den eigenen Betrieb reden. Manchmal dividiere ich im Kopf, während ein Kirchenangestellter auf mich einredet, die Anzahl des Worts »Kirche« durch die des Namens »Jesus«. Im günstigsten Fall komme ich auf eine Quote von 20 : 1. Kaum ein Kirchen-Kommuniqué ohne den Satz: »Unser Profil muss schärfer werden.« Dabei müsste man nicht das eigene Profil, sondern die Perspektive schärfen. In der Kirche, wie in fast allen Behörden, haben die MOTOs das Sagen, die »Masters of the Obvious«, die Experten für das Offensichtliche. Sie wissen, wie man Budgets ein- und Meetings abhält, sie kungeln mit den Leitern anderer Behörden.

Die Situation in der Kirche erinnert mich an den Parkplatzkrieg in Großunternehmen. Die Angestellten aus dem Verwaltungsbereich belegen schon morgens um sechs die besten Plätze, die Kreativen, die manchmal bis in die Nacht arbeiten, müssen ein paar Stunden später mehrmals ums Haus fahren, bis sie ihr Fahrzeug entnervt im Halteverbot abstellen. So ähnlich geht es denjenigen in der Kirche, die eine Missionsoffensive einläuten wollen, aber deren Etats fortwährend gekürzt werden. Dabei hat Jesus selbst vorgegeben, was Menschen für ein kirchliches Amt qualifiziert. Bei seinem letzten dokumentierten Gespräch mit Petrus stellt er ihm dreimal dieselbe Frage: »Hast du mich lieb?« Auch wenn sich vielen Theologen bei diesem Gedanken die Zehennägel aufrollen: Die Antwort auf die Frage »Haben Sie Jesus lieb?« sollte bei jedem Examen für Pfarramtskandidaten den Ausschlag geben.

Kirchenleute, die himmelwärts denken und predigen, reflektieren zumindest auf stille Art den Glanz der Ewigkeit. Man erkennt sie an ihrem Leuchten und daran, dass sie das Lachen der säkularen Verächter aushalten. Wie kann man noch mehr von diesem Leuchten in die Welt bringen? Mir fallen zwei Katalysatoren ein: Krise und Beispiel.

Die Krise ist da. Die Kirchensteuereinnahmen sind im Moment stabil, werden aber kontinuierlich zurückgehen. Eine Kirche, die kein ewiges Leben prominent im Angebot hat, ist weniger wert.

Positive Beispiele dafür, wie es geht, gibt es auch schon. Zunächst einmal im Ausland, wo vor allem in der südlichen Welthemisphäre leidenschaftliche, sogar ekstatische Glaubensgemeinschaften wachsen.

In den biblischen Geschichten kommen die Anstöße für Veränderungen fast nie aus dem Establishment, sondern fast immer von außen. Nicht die Priester und Könige sind die Helden der

Bibel, sondern die Propheten, die Nonkonformisten, die Freaks.

Wo sind die Freaks, die heute die besten Sinnangebote machen?

Man könnte an die Freikirchen denken. Die kommen zusammengerechnet allerdings kaum auf mehr als auf ein Prozent der Mitglieder, die die beiden Großkirchen haben. Freikirchen stehen bei den mainstreamverliebten Deutschen immer unter latentem Sektenverdacht. Und einige rechtfertigen die Negativ-Klischees auch mit skurrilem Gebaren. Freikirchen haben den Vorteil, dass sie beweglicher auf neue Herausforderungen reagieren, sie missionieren und mobilisieren erfolgreicher, vor allem unter jungen Leuten. Bei ihnen werden längst nicht mehr die verstaubten Versammlungsbücher des vorletzten Jahrhunderts aufgeschlagen. Sie grooven, rocken, kuscheln. Aber was den Großkirchen an Spontaneität und Leidenschaft fehlt, lassen die Freikirchen zuweilen an Ernsthaftigkeit vermissen.

Es gibt einen ziemlich zuverlässigen Weg, herauszufinden, ob etwas gut für uns ist. Wir müssen uns die Leute angucken, die es bereits praktizieren. Glauben ist Vertrauenssache. Ich würde mir von keinem durchgeknallten Prediger den Himmel aufschwatzen lassen, von dem ich nicht mal einen Gebrauchtwagen kaufen wollte. Ich würde mit Skepsis reagieren, wenn von der neuen Dimension des Glaubens geredet wird, aber die Kirche, in der das stattfindet, stickig und subkulturell klüngelhaft anmutet.

Als neugieriger Kirchen-Cruiser habe ich viele Freikirchen besucht. Ich habe dort bewegende Gottesdienste gefeiert, in Kinos, in Fabriklofts und, man soll es nicht glauben, in normalen Kirchengebäuden. Aber ich habe mich auch über endlose Abkündigungen geärgert (»Die Gisela hat noch was. Aber erst kommen der Horst und die Rita ...«), über nervige Diashows zum letzten Gemeindegarteneinsatz, XL-Predigtlängen (»Ich weiß, ich bin 20 Minuten über der Zeit, aber ich habe auch nur noch drei Punkte ...«) und XXL-»Lobpreisblöcke« (beim fünften Lied setzte ich mich meistens aus Protest wieder hin), über prophetische Einlagen (»Ich habe einen Eindruck: Jemand hier hat Bauchschmerzen. Steh auf!«) und bizarre Glaubenszeugnisse von Gemeindemitgliedern. Einmal bedankte sich eine Frau bei Gott dafür, dass der ihre nervige Chefin plötzlich hatte sterben lassen. Der schockierte Pastor leitete schnell über: »Ich glaube, die Silke hat noch was. Und dann kommt der Lobpreisblock ...«

Was jetzt? Wer hat die Antworten auf unsere Sinnfragen?

Wenn mich die ZEIT danach fragen würde, welchen Traum ich habe, würde ich vielleicht von diesem erzählen:

– Ich träume, dass die Kirchen freier und die Freikirchen kirchlicher werden. Ich will auf die Traditionen nicht verzichten, weil ich mich, wie die meisten, im Gewachsenen und Konventionellen wohler und besser beheimatet fühle. Aber ich will nicht nur Heimat, ich will Dynamik, Elektrizität, Perspektive.

– Ich träume, dass ich immer öfter Pfarrern zuhören darf, die eine Bresche in die Wand der Diesseitigkeit schlagen, die die Mauern in den Köpfen schleifen. Ich träume davon, dass diese Pfarrer nicht nur dazu aufrufen, die Welt grüner zu machen, sondern dass sie das Blaue vom Himmel versprechen. Dass sie mich anheizen, so wie der junge Dichter bei der letzten »Poetry Slam«-Meisterschaft in Berlin. Er rappte einen Text über Umkehr, Aufbruch, Neuanfang: »Geh! Mach dich auf den Weg!«, feuerte er das Publikum an. »Geh!«, kam das Echo zurück. Ich hätte selbst losmarschieren können. Solche Appelle möchte ich in der Kirche hören, nicht abgelesen, sondern abgefahren leidenschaftlich.

– Ich träume, dass man bei dem Wort »Kirche« nicht an »Institution«, sondern an »Bewegung« denkt. Ich wünsche mir, dass die Kirchen von der Nachhut der Moderne wieder zur Avantgarde werden. Avantgardisten erkennt man daran, dass sie in leere Räume gehen und dass die leeren Räume sich in Magnetfelder verwandeln. Ich träume davon, dass der Himmel mehr Anziehungskraft bekommt. Weil die, die das Glück da oben suchen, auf einmal auch hier unten darüber stolpern und die Begeisterung darüber wieder andere ansteckt.

– Ich träume davon, dass die Kirchen – die katholische, die evangelische, die freien – von der sogenannten »Harvard-Methode« lernen. Bei dieser berühmten Verhandlungstechnik, die BWL-Studenten im ersten Semester beigebracht wird, stellt man nicht Positionen, sondern Interessen in den Vordergrund. Viele Debatten über unterschiedliche theologische Positionen könnten unverkrampfter geführt werden, wenn man sich vorher auf das gemeinsame Interesse einigte: Menschen in ewige liebevolle Beziehungen mit Gott und miteinander zu bringen.

Ich träume …

nicht.

Weil das alles in zahlreichen Kirchen schon Wirklichkeit ist. Leider in noch zu wenigen. Und weil deshalb zu viele daran glauben, dass sie kaputt gehen werden. Sinnlos.

4. Sehen

Liebe auf den ernsten Blick

Du kommst nicht weiter mit dem Sehnen, Suchen, Fragen. »Nun heb ich wieder meine leeren Augen und in die leere Nacht die leeren Hände«, hat Stefan George gedichtet. Alles leer, auch in dir.

Du brauchst einen Einfall.

Tipp von mir: Geh joggen oder geh duschen oder geh schlafen. Neurologen haben bestätigt, was wir längst vermutet haben: Unsere besten Einfälle haben wir, wenn das Hirn entspannt ist. Manchmal hilft dabei auch Musik. Ich schlage Mahlers 2. Sinfonie vor, die »Auferstehungssinfonie«. Oder »Move on Up« von Curtis Mayfield. Musik, die uns fühlen lässt: Es geht aufwärts.

Es ist bezeichnend, dass wir von »Einfällen« und nicht von »Ausfällen« reden. Das unterscheidet den Geistesblitz vom Hirngespinst. Wir produzieren ihn nicht, sondern er flasht in uns hinein. Der Aha-Effekt, das plötzliche Heureka stellt sich in drei Etappen ein:

1. Wir haben ein Problem. Etwa: Wie und wo finden wir dauerhaftes Glück, bedingungslose Liebe.

2. Wir durchdenken alle vorhandenen Optionen. Etwa: Wir füllen unser Leben mit Glücksmo-

menten und akzeptieren unsere Endlichkeit und Unzulänglichkeit als unvermeidlich. Aber die Sehnsucht und die Angst bleiben. Zwischen linker und rechter Hirnhälfte zuckt es wie wild hin und her. Kein Ausweg.

3. Wir öffnen uns für einen neuen Einfall.

Der Einfall, den ich meine, ist der christliche Glaube.

Ich habe lange nach einer eleganten Überleitung gesucht: zwischen dem, was in uns und in unserer Gesellschaft vorgeht, und dem »Heureka«, das das Evangelium bewirkt. Ich habe aufgegeben. Was jetzt kommt, ist das Altbekannte, gleichzeitig das ganz andere, gleichzeitig das ganz Ähnliche. Ob du den Einfall des Glaubens hast und ob du ihn zulässt, entscheidet sich manchmal, genau wie beim romantischen Match, im Bruchteil einer Sekunde.

Das ist der Einfall:

1. Gott existiert. »Ich habe die Vorstellung, dass es Gott gibt, immer für absolut lächerlich gehalten«, gibt er Dramatiker Tom Stoppard (»Shakespeare in Love«) zu, »aber immer noch plausibler als die alternative Behauptung, dass grüner Urschleim, wenn er nur genug Zeit hat, irgendwann Shakespeares Sonette schreiben kann.«

2. Gott interessiert sich für uns. Er hat uns ge-

schaffen und wird uns, sein mutmaßliches Meisterwerk, nicht einfach wieder kaputt gehen lassen. Klingt auch plausibel.

3. Gott kommuniziert mit uns. Dieser dritte wichtige »Input« ist etwas länger als tausend Seiten und heißt einfach »Buch«. Wir sagen »Bibel« dazu. Da stehen die Einzelheiten über Gott und uns.

Wenn dieser dreifache Einfall – dass Gott ist, dass Gott uns liebt, dass Gott sich uns mitgeteilt hat – in uns hineinkracht, ordnet sich unser Weltbild neu. Man nennt das auch »Paradigmenwechsel«.

Manchmal bedaure ich, dass ich selbst nie einen Paradigmenwechsel erlebt habe. Ich habe an den Himmel geglaubt, seit ich denken kann. Mama ist schuld. Der Obelix-Effekt. So wie der dicke Gallier seinen Kameraden immer beim Zaubertrank-Ausschank zusehen muss, so beobachte ich manchmal ein wenig neidvoll, wie Menschen sich freuen, wenn sie ihre Unsterblichkeit zum ersten Mal begreifen. Für mich ist die Himmelsvorstellung Routine. Aber auch für mich fühlt es sich gut an, ewige Planungssicherheit zu haben. Einen unbefristeten Vertrag auf das Leben.

Wie ist es, wenn man zum ersten Mal den Himmel sieht? Ich habe eine Reihe von Porträts über Prominente geschrieben, die zum Glauben gefunden haben.

- »I Saw the Light«, besingt der Country-Sänger Hank Williams seinen Paradigmenwechsel. Bei ihm waren es die Lichter eines Flughafens, die ihm einen Himmels-Flash bescherten.
- Johnny Cash sah das Licht in einem Höhlenlabyrinth, in das er hineingekrochen war, um zu sterben.
- Al Green und Bob Dylan sahen das Licht in einem einsamen Hotelzimmer.

Die meisten Menschen sehen weder irgendwelche Lichter, noch den Himmel, sondern einfach nur die Möglichkeit, dass Gott da ist. Der Rest ergibt sich. Eine berühmte Schriftstellerin hat mir erzählt, wie es bei ihr ablief: »Mir ging's dreckig. Ich habe dreißig Tage lang dafür gebetet, dass es mir besser geht. Es ging mir besser. Seitdem glaube ich.«

Aus dem Mittelalter und der Frühen Neuzeit sind viele nächtliche Bekehrungen überliefert. In der dunklen, kalten Stube kroch Menschen die Angst vor ihren letzten Stunden ins Herz. Viele gingen dann vor Gott auf die Knie. Heute lassen wir entweder das Licht und die Glotze an oder nehmen Baldrian und Vivinox. Wir betäuben uns. Nicht leicht, da das Licht zu sehen.

Der SPIEGEL-Autor Mathias Schreiber hat ein Buch »Über die Unsterblichkeit der Seele« geschrieben. Bei ihm ist es »das Erlebnis der Schönheit«, »die Erfahrung des Guten« und ein »spontanes Urvertrauen in die Ganzheit jedes Dings«, das ihn an ein Leben nach dem Tod glauben lässt. Sicher ist er sich allerdings auch nicht.

Sicherheit gibt es im Glauben ebenso wenig wie in der Liebe. Wer das, was er liebt oder woran er glaubt, begreifen und von seinem Verstand umschließen will, erstickt es.

Auch ich finde es schade, dass es für den Himmel keine Vorbesichtigungstermine gibt. Ich würde gerne genau wissen, was mich da erwartet.

Manche sehen in den Schilderungen von Nahtoderfahrungen so etwas wie »Himmelsteaser«. Der amerikanische Baptistenpastor Don Piper, der vor 20 Jahren nach einem Verkehrsunfall vorübergehend als tot diagnostiziert wurde, beschreibt in einem Bestseller seine »90 Minuten im Himmel«. Er trifft dort Freunde und Verwandte wieder und fühlt sich berauscht von einer Kakophonie der herrlichsten Töne, von einem Feuerwerk aus Farben und Bildern: »Alles, was dort auf mich eindrang, war ein einziges Festmahl für die Sinne. Niemals war ich je so liebevoll umarmt worden oder hatte eine solch unbändige Schönheit gesehen. Das Licht und die Gestalt der Dinge dort sind für unsere irdischen Maßstäbe kaum zu fassen.« Schmerz über sein Ableben empfand er keinen: »Es war so, als hätte Gott alles Negative und Betrübliche aus meinem Bewusstsein ausgelöscht.« Beweist das irgendwas? Skeptiker würden einwenden, dass Pipers Körper den Schmerz mit einer erhöhten Ausschüttung von Glückshormonen abdämpfte, dass sein Kopf noch mal eine letzte große Lasershow veranstaltete, bevor die Lichter endgültig auszugehen drohten. Wäre unser Hirn überhaupt in der Lage, die himmlische Realität zu erfassen, oder würde es ihm gehen wie einer Schreibmaschine, die einen 1000-Gigabyte-Download durchführen soll? Wenig überzeugt von den jenseitigen Glücksversprechen war offenbar auch der Leser, der das Buch vor mir aus der Stadtbücherei ausgeliehen hatte. An der Stelle, an der Piper von seiner Himmelsvision berichtete, steckte als Lesezeichen ein Lottoschein.

Die Journalistin Mary Roach, die mit einem Buch über Leichen (»Stiff«) bekannt geworden war, legte konsequenterweise nach mit einem Buch über Geister (»Spook«). Nach eigenen Angaben war sie in einem frommen Elternhaus aufgewachsen. Jetzt recherchierte sie nach Beweisen dafür, dass es außerhalb des Körpers Bewusstsein gibt. Sie trieb sich in Operationssälen herum, in neurologischen und parapsychologischen Labors. Sie beobachtete Wissenschaftler, die versuchten, mit dem Skalpell oder dem Mikroskop oder auf einem Computermonitor die Seele ausfindig zu machen. Viel mehr, als dass der Körper unmittelbar nach dem Hirntod 20 Gramm weniger wiegt und manche daraus das Gewicht der Seele ableiten, konnte sie nicht herausfinden. Auch die Nahtoderfahrungen, abgekürzt: NDEs (»Near Death Experiences«), erzeugten keine besonderen elektromagnetischen Bewegungen. Im Epilog des Buchs resümierte die Autorin trotzig: »Zur Hölle, ich glaube trotzdem an Geister …«

Es gibt das Jenseits nur als Ahnung und Hoffnung. Und es gibt den Himmel nur als Versprechen und im Vertrauen. Auch Christen kennen das ewige Leben nur vom Hörensagen. Auf ein ziemlich überzeugendes Indiz können sie dennoch verweisen: ein leeres Grab.

Man bezeichnet die Teilchenexplosion, die vor ca. 13 700 000 000 Jahren den Kosmos hervorgebracht haben soll, als »kosmologische Singularität«. Die »theologische Singularität«, die vor 2000 Jahren den Durchbruch zum ewigen Leben gebracht hat, ist die Auferstehung von Jesus Christus.

Das ist unser Hoffnungsanker.

Greift nicht, sagst du. Und ich denke das auch manchmal. Ein bisschen dünn. Kann ich darauf, dass ein paar hundert Juden in der Antike einen hingerichteten und begrabenen Schreiner gesehen haben wollen (wenn auch bei mehreren Gelegenheiten im Zeitraum von fast sechs Wochen), meine Hoffnung gründen? Ein amerikanischer Wissenschaftler, Frank Tipler, erklärt in seinem Buch über »Die Physik des Christentums«, wie Jesus sich erst de-materialisiert und dann re-materialisiert haben könnte. Doch das ist Spekulation.

Schon beeindruckender finde ich die Tatsache, dass der Glaube an die Auferstehung sich so rasch und auf so unkonventionellem Weg multipliziert hat. Nicht durch Waffengewalt, sondern durch die Mund-zu-Mund-Propaganda von gesellschaftlichen Außenseitern. Da, wo sich das Christentum ausbreitete, wurden auch die wichtigsten Fortschritte in den Bereichen Wohlfahrt, Wissenschaft und Kunst erzielt. Dort wurde in der Malerei die Perspektive entdeckt und in der Musik die Harmonie. Von einem weltfremden Glauben kann also gar keine Rede sein.

Christen glauben, dass mit dem Grab von Jesus Christus auch das Tor zum Himmel geöffnet wurde. Mit detaillierten Informationen darüber, wie es dahinter aussieht, geizt die Bibel allerdings. Sie verrät nur so viel: Wir werden weiterleben

– als »Ich« und »Du«, nicht als anonymes Seelenplasma
– ohne Schmerz und Angst
– nahe bei Gott

– in neuen Körpern (»Wie die Engel«, sagt Jesus.
  Und belässt es dabei.)
– in einem neuen Universum (»Ich will einen neu-
  en Himmel und eine neue Erde schaffen«, lässt
  Gott den Propheten Jesaja ausrichten, »man
  soll dort nicht mehr hören die Stimme des Wei-
  nens noch die Stimme des Klagens«.).

Der Katechismus der evangelisch-reformier-
ten Kirche fasst die biblischen Verheißungen so
zusammen: »Nach diesem Leben werde ich voll-
kommene Seligkeit besitzen, die kein Auge gesehen und kein Ohr gehört hat.« Keine Wieder-
aufführungen, keine Coverversionen, alles eine
unglaubliche Premiere.

Und damit zur Wegbeschreibung. Wie kommen
wir in den Himmel? Um zu verstehen, wohin wir
gehen, müssen wir wissen, woher wir kommen. Wir
müssen den Vorlauf kennen.

Was bisher geschah: Noch ein Drama in fünf
Akten:

1. Akt: Gott, der die Liebe und die Kreativität ist,
erschafft das Universum und die Menschen.

2. Akt: Die Menschen streben statt nach Liebe
nach Macht. Nach Kontrolle. Nach Autonomie.
Diese Haltung nennt die Bibel »Sünde«. Sie zerstört
Vertrauen und Gemeinschaft, führt zu Jetzt-Fixie-
rung und zur Ich-Obsession, sie zerstört Leben. Sie

bringt den Tod. »Der Tod ist der Lohn der Sünde«, schreibt der Apostel Paulus an die Gemeinde in Rom.

3. Akt: Gott greift in die Handlung ein. Sein Sohn – er bekommt den Allerweltsnamen Jesus und von seinen Nachfolgern den Beinamen »Christus«, der Gesalbte – lehrt, was echte Liebe ist. Die Ansage, die Jesus bei seinem ersten öffentlichen Auftritt macht, heißt: »Denkt um, denn der Himmel ist kurz davor, sich zu öffnen.« Die harmonische Gemeinschaft der Menschen mit Gott und damit auch untereinander ist wieder möglich. Mit dieser neuen Situation, so präzisiert Jesus später, haben sich auch die Spielregeln geändert. Die neue Regel: »Liebt Gott und eure Mitmenschen so, wie ihr euch selbst liebt.« Oder, um von einer romantischen Lesart des Wortes »Liebe« wegzukommen: »Genau, wie ihr für euch selbst ganz selbstverständlich das Beste wollt, sollt ihr das Beste auch für Gott und eure Mitmenschen wollen.« Ohne Vorbedingung. Ohne dass eure Mitmenschen erst auf eurem Liebeskonto etwas eingezahlt haben müssen.

4. Akt: Jesus gibt selbst alles. Sein Leben. Es ist vermutlich der 7. April des Jahres 30, als Jesus sich stellvertretend für die Lieblosigkeit der Menschen zu Tode foltern lässt. Das erscheint in unserer Zeit, in der Probleme im Dialog überwunden werden sol-

len, monströs und anachronistisch. Weil wir vergessen, dass auch in unserer Zeit gequält, massakriert und dahingesiecht wird. So absurd das im Hinblick auf den allmächtigen Gott klingen mag: Er hatte keine andere Wahl, uns zu retten. Das widerspricht zwar der Vernunft, aber nicht dem Gefühl. Der Maler Julian Spalding schreibt in seinem Buch über »Die Kunst des Staunens«: »Als einzige Weltreligion hat das Christentum es geschafft, sich die beiden stärksten und universellsten Bilder des menschlichen Lebens zu eigen zu machen: ein Mann im Todeskampf und ein neugeborenes Baby.«

5. Akt: Zwei Tage nach seiner Kreuzigung, am 9. April, ist der verblutete und in einem Felsengrab eingemauerte Jesus wieder lebendig. Was daraus resultiert, nannte Luther den »Tod des Todes«. Der Tod bleibt zwar als Zäsur virulent, aber nicht als Endpunkt. Die Menschen haben von nun an die Möglichkeit, sich für ein ewiges Leben der Liebe und der Kreativität zu entscheiden.

Das ist abstrus, sagt unsere linke, für Faktenwissen zuständige Hirnhälfte. Das ist meine Geschichte, sagt die für Kontexte und Gefühle zuständige rechte. Man kann die Geschichte glauben oder es lassen. Ich sage: TINA, »Es gibt keine Alternative« und zitiere den biblischen Psalm 49, der die Spannung unseres Lebens auf den Punkt bringt und auflöst: »Ein Mensch in seiner Herrlichkeit kann nicht bleiben, sondern muss davon wie das Vieh ... Aber Gott wird mich erlösen aus des Todes Gewalt, denn er nimmt mich auf.«

Und jetzt zur Alternative, die keine ist. Zum Gegenteil des Himmels. Zur Hölle. Am liebsten würde ich den Schrifttyp jetzt um ein paar Nummern verkleinern. Auf Größe 2 oder 1. Unleserlich machen. Selbst Hitler würde ich höchstens eine Milliarde Sozialstunden aufbrummen und ihn dann auf ewig einfrieren. Aber Hölle?

Jesus hat seinen Zuhörern zuweilen die Hölle heiß gemacht. Er wird gewusst haben, warum. Er redete vom »Feuer« und überließ den Rest der Fantasie seiner Zuhörer. Hier ist etwa der Koran weitaus detailfreudiger. Die Auflistung der Höllenstrafen ist dort fast doppelt so lang geraten wie die Beschreibung der Himmelsfreuden. Wer sonst noch eine Vorstellung davon haben will, vor was er sich fürchten soll, der kann sich in den Horrorabteilungen von Videotheken umschauen. Ich empfehle George A. Romeros »Zombie« (Werbeslogan: »Wenn es in der Hölle zu voll wird, dann kommen die Toten zurück auf die Erde«), George Sluizers »Spurlos«, Clive Barkers »Hellraiser«, Takeshi Miikes »Audition« und Pier Paolo Pasolinis »120 Tage von Sodom«. Höllisch schrecklich. In der Hölle, wie sie die Bibel beschreibt, gibt es keine

Palliativabteilung, aber vielleicht auch gar kein Bewusstsein, keine Personalität. »Die schlimmste Qual der Hölle besteht im ewigen Getrenntsein von Gott«, heißt es im katholischen Katechismus. Hölle ist, wenn alles zu Ende ist und nicht aufhört. Und damit höre ich auf, von dem infernalischen Darkroom zu schreiben, von dem ich insgeheim hoffe, dass er alle, die ihn betreten, einfach nur verschluckt. Darüber hinaus interessiert mich die Hölle nicht. Der Zug dahin ist für mich abgefahren. Zurück zum Himmel.

In Vorbereitung dieses Buchs habe ich das Berliner »Café Sehnsucht« besucht. Das ist keine hippe Bar, kein kieziges Restaurant, sondern eine Anlaufstelle für Alkis und Junkies. Das Café liegt in einem Hinterhof des sozialen Brennpunkts rund ums Kottbusser Tor im Stadtteil Kreuzberg. Draußen rattert die S-Bahn vorbei, auf der Straße dealen Süchtige und Kleinkriminelle. Im Café sitzen ein Dutzend Menschen um Tische, Durchschnittsalter 40, viele sehen ziemlich fertig aus, blass, faltig, vernarbt. Mit »Heroin Chic« ist hier nichts. Fusel und Stoff gibt es im Café Sehnsucht nicht, auch keine Therapie, höchstens die Vermittlung in eine Entzugsklinik. Statistisch gesehen schafft es weniger als einer von zwanzig Schwerstabhängigen in Deutschland, der Suchthölle zu entkommen. Auch im Café Sehnsucht gibt es keine Heilungsgarantie. Warum sind die Süchtigen dann hier? Bestimmt nicht wegen der paar Kännchen Kaffee und den Plätzchen; kulinarisches Minimalangebot, weil das Essen nicht vom eigentlichen Programm ablenken soll. Christliche Lieder werden gesungen. Ein Mann, der sich mir als »Wolkenkind« vorstellt und eine ordentliche Fahne hat, ruft laut dazwischen: »Ich danke dir, Gott, dass du mich lieb hast«. Ein Rentner steht auf und erzählt, wie er vor einem Jahrzehnt durchs Beten »von der Flasche weggekommen ist«. Dann können die Süchtigen von den Helfern für sich beten lassen. Fast alle nehmen das Angebot an. Der Mitarbeiter sagt mir, dass er sich von Allheil-Fantasien verabschiedet hat: »Einigen wird Gott die Spritze vielleicht erst im Himmel aus der Hand nehmen.« Ich spüre, der Himmel hier ist offener als über dem Regierungsviertel.

Für Revolutionäre

5. Springen

Angst vorm Fliegen

Ich leide unter Höhenangst. Die schlimmste Attacke hatte ich nicht etwa bei einer Klettertour im Gebirge. Die riskiere ich gar nicht erst. Mir reichte vor 15 Jahren ein Film, »Cliffhanger«, um mich zu traumatisieren. Allein die ersten Minuten, in denen Bergführer Sylvester Stallone eine verunglückte Hobbywanderin nicht vorm Abstürzen retten kann, haben mich fertig gemacht. Meine Schweißdrüsen haben alles gegeben. Die gepolsterten Armlehnen links und rechts von mir waren durchgeweicht. Es gibt für mich kaum eine Vorstellung, die schrecklicher ist, als ohne Absicherung an einer Felswand zu hängen. Der schlimmste Horror ist für mich der Dyno. Der Dyno ist der gefährlichste »Move« für Freeclimber. Man hängt an einer Felswand, nicht abgesichert, stößt sich mit den Füßen ab und versucht, mit einer Hand oder beiden Händen einen neuen Halt zu finden. Dazwischen hängt man ein paar Sekundenbruchteile lang in der Luft. Danach findet man sich entweder einen Meter höher, mit dem Fuß auf einem Felsvorsprung und den Fingern in einer Ritze. Oder ein paar hundert Meter weiter unten mit zerschmettertem Körper auf dem Boden.

Dieses Kapitel behandelt den Dyno des Lebens. Den Sprung des Glaubens.

Den Dyno des Lebens traut man sich, wenn sonst nichts mehr geht. Wenn man alle Glücksangebote und alle Sinnversprechen abgecheckt und abgehakt hat und zu der Erkenntnis kommt, die schon die Bremer Stadtmusikanten hatten: »Etwas Besseres als den Tod werden wir überall finden.«

Das wiederum unterscheidet den Sprung des Glaubens vom Freeclimber-Dyno: Eine unsanfte oder sogar schmerzhafte Landung ist nicht möglich. Ich habe mit vielen Menschen gesprochen, die sich für den christlichen Glauben entschieden haben. Über schlimme Sofort- oder Spätfolgen hat keiner geklagt. Was kann schon schiefgehen beim Sprung des Glaubens?

Stell dir vor, es gibt doch keinen Himmel. – Schade.

Stell dir vor, es gibt doch einen Himmel, und man selbst ist nicht drin. – Schauerlich.

Das Bild vom »Sprung des Glaubens« stammt von Sören Kierkegaard, dem eher pedantisch veranlagten dänischen Philosophen. Er sah in dem Entschluss, nach etwas zu greifen, was man nicht sieht, eine Art von »Wahnwitz«. Da das Nichtspringen in jedem Fall tödliche Auswirkungen hat, besteht der eigentliche Wahnwitz allerdings darin, den Dyno des Glaubens nicht zu riskieren.

Ich denke dabei an den Film »Zwei Banditen«.

Paul Newman und Robert Redford sind auf der Flucht vor dem Gesetz. Sie landen, hoch oben auf einem Berg, in einer Sackgasse: hinter ihnen die Verfolger, unter ihnen eine tiefe Schlucht, durch die sich ein Fluß schlängelt. Redford will nicht springen. »Warum nicht?«, will Paul Newman wissen. »Ich kann nicht schwimmen«, sagt Redford. Newman kriegt einen Lachanfall. Dann springen beide. »Ich kann nicht glauben«, sagst du. Spring einfach.

Es ist eine Win-Win-Situation.

Die meisten Deutschen können dem »Sprung des Glaubens« ungefähr so viel Freude abgewinnen wie ich dem Dyno. Der Prozentsatz der Bürger, die von einer persönlichen Glaubensentscheidung berichten, ist weit niedriger als derjenigen, die sich zu bizarren Sextechniken bekennen. Woran liegt's?

Hier sind drei »typisch deutsche« Sprunghindernisse:

1. Veränderungsphobie: So wie Leute in Beziehungen bleiben, die offensichtlich dysfunktional oder sogar destruktiv sind, so halten sie an Weltbildern fest, die ihnen nichts verheißen außer dem eigenen Untergang. Psychologen sprechen von »Wiederholungszwang«. Man hält lieber an dem Unglück fest, das man kennt und auf das man sich einstellen kann, als dass man sich auf ein unsicheres

Glücksversprechen einlässt. Wenn Deutsche von Demoskopen danach gefragt werden, was ihnen am wichtigsten ist, nennen sie als oberste Priorität »Verlässlichkeit«. Undenkbar, dass ein erfolgreicher Wahlkampf hierzulande unter dem Schlagwort »Change« geführt wird. In deutschen Ohren klingt das wie eine Drohung. Für Amerikaner ist »Change« eine Chance zur Selbst-Verbesserung, für uns ein Affront: Wir sind wohl nicht gut genug, was!? Wir wollen den Himmel, wenn überhaupt, wie einen Teppich unter die Füße geschoben bekommen, statt auf eine Nebelwand zuzuspringen. Der christliche Religionsphilosoph Romano Guardini vergleicht in seinem Buch »Über die letzten Dinge« das menschliche Leben mit einem »Bogen, der sich auf ein Entgegentretendes hinüberrichtet«. Doch die meisten wollen statt dem Bogen, der sich von ihnen zu Gott und in die Ewigkeit spannt, lieber den Kreis, der aus dem Nichts kommt und dort wieder endet, in dem sie sich aber ein paar Jahre lang wohlig einrichten können.

2. Gruppenloyalität: Als Kind habe ich oft die »Bekehrungsgeschichte« meiner Großmutter erzählt bekommen. Eine einfache Bäuerin und eine Heilige, die im Krieg einigen Menschen das Leben rettete. Sie wuchs auf in Galizien, in der heutigen Ukraine. Als sie sich für den Sprung des Glaubens entschied, wurde sie von ihrer kirchenfrommen Fa-

milie im Winter auf die Straße gesetzt. Ein paar Jahre später riskierten dann auch ihre Verwandten den Dyno. Als Vertriebene wurden sie quer durch Deutschland geschickt. Sie hausten in Ställen und Bruchbuden. Aber überall zog ihre Glaubensfreude die gottsuchenden Mitmenschen an. Einer, lerne ich daraus, muss immer zuerst springen. Und das fällt gerade in Deutschland schwer, wo man lieber »religiös« ist als »gläubig«. »Religion« leiten Sprachforscher von unterschiedlichen Wörtern her: von »wieder aufsammeln« oder »zurückbinden an«. Religiöse Menschen sammeln das auf, was ihnen von ihren Vorfahren an Dogmen und Regeln überliefert wurde. Sie binden sich zurück an das, was ihren Vätern und Müttern heilig war. So war bereits das antike Verständnis von Religion. Ganz anders Jesus: Er forderte dazu auf, notfalls Väter und Mütter für den Glauben zu verlassen. Er predigte die Revolution jedes Einzelnen. Eineinhalb Jahrtausende später entdeckte Luther die »Freiheit des Christenmenschen« wieder. Ich habe manchmal den Eindruck, eine Reformation hat bei uns noch gar nicht stattgefunden. Denn eine Kultur der freien Glaubensentscheidung hat sich bei uns nach wie vor nicht durchgesetzt. Das Entrichten der Kirchensteuer sowie das Absolvieren von Riten gelten als adäquater Ersatz für die persönliche Glaubensentscheidung.

3. Realitätsprinzip: Wenn ich mit Freunden in einer Kneipe zusammensitze und wir uns zur Lage der Nation austauschen, sagt irgendwann irgendwer den Allzwecksatz, der von weiteren Denkanstrengungen entbindet: »Es ist, wie es ist.« Diese unvisionäre Einschätzung haben sich auch viele der modernen deutschen Romanhelden zum Leitgedanken gemacht: die Slacker und Loser in Sven Regeners »Herr Lehmann« und Rocko Schamonis »Sternstunden der Bedeutungslosigkeit«. Die Leser lieben sie, weil sie »echt« scheinen und nicht mit Appellen zum Bessermachen und Anderswerden nerven. Vernünftig ist hierzulande nur, was wirklich ist, und wirklich ist, was grau und matschig ist, und vernünftig ist wiederum, wer sich achselzuckend in den Gang der Dinge einreiht. Manchmal fürchte ich, wir Europäer haben, wie die Asiaten, gewisse Mentalitätsbarrieren zu überwinden, bevor wir in Richtung Himmel losmarschieren, während die Amerikaner im Vorteil sind. Amerika ist ein Projekt. Asien ist ein Schicksal. Europa ist ein Erbe. Während man bei einem Projekt etwas realisiert, was noch nicht ist, fügt man sich in sein Schicksal und verwaltet sein Erbe. Tradition ist den Deutschen wichtig, Revolution suspekt; Revolution oder Reformation geschieht nur, wenn der soziale oder politische Druck im Kessel zu groß wird. Ansonsten läuft

man mit und denunziert diejenigen, die von »Umkehr« und »Bekehrung« reden, als naive Frömmler und Opfer amerikanischer Freikirchen-Propaganda.

Ich halte dagegen und zitiere einen Medienwissenschaftler, der sich selbst als religiös unmusikalisch bezeichnet: Für Norbert Bolz ist Gott »das größte Abenteuer, auf das sich der moderne Mensch einlassen kann«. Einlassen muss man sich aber, die Füße aus dem Beton des »Gibt's nicht, geht nicht« rauskratzen, sich selbst »Yes, I can« zurufen und springen.

Nirgendwo sind wir mehr bei uns als Menschen, als wenn wir, anders als alle anderen tierischen Geschöpfe, über uns hinauswachsen. Das ist vital, das ist sexy, das ist wild.

Wenn ich an den Sprung des Glaubens denke, klingt mir nicht das Kirchenlied »Stern, auf den ich schaue« im Ohr, sondern Van Halens »Jump«. Und vor mir sehe ich das dazugehörige Albumcover mit dem verschmitzt dreinblickenden Engel (die Zigarettenschachteln, auf die er lüstern schielt, ignoriere ich). Es hat tatsächlich etwas Verwegenes und Schelmisches, wenn man Tod und Teufel ein Schnippchen schlägt und von der Schippe springt.

Nicht erst seit Nietzsche wird denjenigen, die den Sprung des Glaubens gewagt haben, eine duckmäuserische Haltung attestiert. Die Poetin Mary Karr hat diese Unterstellung mit einem Gedicht gekontert. Es heißt: »Wer die Sanftmütigen nicht sind«:

Keine borstig-bärtigen Igors, gebückt
Unter Jutesäcken, keine Bauern, knietief
Im Matsch eines Reisfelds
Keine Leibeigenen, deren mondförmige Sicheln
Wellenförmig das Getreide fallen lassen
Das sie selbst nicht essen dürfen.

Nein, dichtet Mary Karr weiter, bei »sanftmütig« denke sie an

Einen großartigen Hengst in vollem Galopp
Auf einer Weide, der
Wenn er die Stimme seines Herrn hört –
Erstaunt
Aber sofort zum Halt kommt
Und angestrengt seine unbändige Kraft
Kontrolliert, seine Muskeln
Gespannt entlang des gewölbten Nackens.

Das waren eine Menge Gedanken, Metaphern und Gedichte zum »Sprung des Glaubens«.

Alles nicht sehr praktisch, fürchte ich.

Wie macht man es denn nun? Indem man bei der nächsten Kircheneintrittsstelle vorbeischaut? Eine Glaubensformel aufsagt? Was erwartet Gott eigentlich? Der Autor des Johannes-Evangeliums druckst nicht lange herum: »Wer an mich glaubt«, zitiert er Jesus, »der hat das ewige Leben.«

Bei der letzten Berlinale wurde eine Aufzeichnung von Klaus Kinskis legendär-missratener Bühnenshow aus den frühen Siebzigern, »Jesus Christus, Erlöser«, vorgespielt. »Halt's Maul und folge mir nach«, bellte Kinski-Jesus ins verstörte Publikum. Kaum kamen die ersten Pfiffe und Proteste, fiel Kinski aus der Jesus-Rolle und drohte den Pöblern »eins in die Fresse« an.

Der wahre Erlöser ist ganz entspannt. Er schreibt keine Sprungtechnik vor, verlangt kein Bibelstellen-Rezitat. Das »Vaterunser« als erstes Gebet wäre natürlich absolut in Ordnung. Muss aber nicht sein. Freestyle ist erlaubt.

Gott, der sich in seinem Sohn Jesus Christus offenbart hat, will hören, dass man an Ihn glaubt.

Je nachdem, ob man das Wort »glauben« vom Griechischen oder Lateinischen ableitet, bedeutet es »vertrauen« oder »sein Herz geben«.

Das sagt man Gott. Das war's. Der schönste Moment des Lebens. Großes Kino. Umwerfender als die Szene in »Casablanca«, wo Humphrey Bogart zu Ingrid Bergman sagt: »Ich seh dir in die Augen, Kleines.« Romantischer als die Szene in »Und täglich grüßt das Murmeltier«, wo Bill Murray Andie MacDowell gesteht: »Ich habe jemanden wie dich nicht verdient. Aber wenn ich es je könnte, ich würde dich für den Rest meines Lebens lieben.« Ergreifender als die Szene in »Besser geht's nicht«, wo Jack Nicholson Helen Hunt gegenüber einräumt: »Ihretwegen möchte ich ein besserer Mensch sein.« Süßer als die Szene in »Harry und Sally«, wo Billy Crystal klare Sache macht mit Meg Ryan: »Wenn man begriffen hat, dass man den Rest des Lebens zusammen verbringen will, dann will man, dass der Rest des Lebens so schnell wie möglich beginnt.«

Mit dem Glauben beginnt nicht der Rest des Lebens, sondern das echte Leben.

Wer echt glaubt, macht das nicht heimlich. Wer glaubt, bekennt.

Seit einiger Zeit tourt der Schauspieler Ben Becker mit seiner »Bibel-Symphonie« durchs Land. Ich habe ihn bei einer kirchlichen Veranstaltung erlebt. Ein Teil des Programms kam als Mitschnitt eines alten Konzerts aus dem DVD-Spieler. Auch der Höhepunkt: Ben Becker singt den Auferstehungs-Klassiker von Don Francisco: »He's alive! He's alive! He's alive and I'm forgiven! Heaven's gates are open wide.« Während der Videofilm lief, stand der echte Becker am anderen Ende des Raums und bewegte lippensynchron den Mund. Die Zuschauer wussten nicht, wohin sie schauen sollten. Auf die Projektion oder auf den Star? Ich habe keine Ahnung, was Ben Becker persönlich glaubt. Ich weiß, dass er normalerweise ohne Playback auskommt. Ich fand die Performance mit dem Glaubensbekenntnis aus der DVD-Konserve aber als typisch für die Art, wie viele Leute mit dem Glauben umgehen. Sie nicken die zentralen Dogmen ab. Sprechen sie vielleicht auch stumm mit. Scheuen aber das Outing. Sie bleiben auf ihren Zehenspitzen. Heben nicht ab. Traurige Nichtspringer.

Ich glaube, sagst du.

»Ich kann nichts hören«, sagt Gott, »du nuschelst.«

Ich glaube, sagst du noch einmal.

»Lauter«, sagt Gott.

Gott freut sich über ein öffentliches Bekenntnis. Vor Familienmitgliedern, vor Freunden, vor Kollegen. Warum nicht? Die sollen schließlich auch noch springen. »Wer mich bekennt vor den Menschen«, hat Jesus gesagt, »den will ich auch bekennen vor meinem himmlischen Vater«.

Das offizielle öffentliche Bekenntnis ist die Taufe, der symbolische Eintritt in die Beziehung mit Gott und den anderen Gläubigen. Im Abendmahl, dem anderen wichtigen Sakrament, wird diese Beziehung dann regelmäßig zelebriert. Taufe und Abendmahl sind keine Disziplinen, sondern Gottes Angebot an uns, den Glaubenseintritt und die Glaubensgemeinschaft erfahrbar zu machen.

Du glaubst.

Du bist gesprungen.

Du spürst nichts? Du hörst keine Engel singen »Einer geht noch …«? Kein Ta-Dah? Kein »Sie-sind-der-485 984 374-Himmelsbewohner«-Tusch? Du hast kein zweites Gesicht, du kannst immer noch nicht weiter, als bis zur nächsten Wand sehen?

So ist der Glaube, »eine feste Zuversicht auf das, was wir hoffen«, wie es in einem der letzten biblischen Bücher, dem Brief an die Hebräer, heißt. Bis dahin jubeln die Engel auf einer Frequenz, die wir noch nicht empfangen.

6. Gehen

Das Ziel ist der Weg

Die vorletzte Etappe. Es drohen zwar noch ein paar steile Bergpässe. Aber die Zielankunft ist garantiert. Jetzt brauchen wir es eigentlich nur noch locker austrudeln lassen. Das Ding nach Hause schaukeln.

Eigentlich.

Tatsächlich …

… bin ich immer noch oft hektisch, nervös, verkrampft. Warum kränkt es mich, wenn bei einer Lesung statt der heimlich erhofften 300 Leute nur 13 gekommen sind; warum rede ich nach einer Veranstaltung am liebsten mit den bedeutsamsten oder attraktivsten Besuchern und höre den Härtefällen, die etwas von mir wollen, nur mit halbem Ohr zu? Warum möchte ich öfter »Dieser Weg wird kein leichter sein« singen als »Walking on Sunshine«?

In meinem Kleiderschrank liegen »Luthersocken« aus Wittenberg. »Hier stehe ich, ich kann nicht anders« steht darauf. Ich wollte, meine Füße würden im Autopilot in die richtige Richtung und im richtigen Tempo gehen, nach dem Motto. »Hier gehe ich, ich kann nicht anders.« Schön wär's. Hier irrlichtere ich, ich kann leider auch anders.

Der »Flow«, den wir uns wünschen, ist hier unten nicht chronisch, sondern nur sporadisch zu erleben. Auch für Christen lässt sich das Glück, das von Begegnungen mit Gott und anderen Menschen ausgelöst wird, nicht per Gewaltmarsch erzwingen. Man stolpert darüber. Vorausgesetzt, man geht in die richtige Richtung.

Der neue Weg, den Menschen auf dem Weg in die Ewigkeit gehen, wird bestimmt durch
- die Richtung
- die Umgebung
- die Hoffnung.

Die Richtung

Den Charakter eines Menschen erkennt man nicht an der Position, die er bezieht, sondern an dem Vektor, den er beschreibt: Von wo kommt jemand, wo will jemand hin, und welche Schritte macht jemand auf dem Weg dahin?

Die meisten Menschen, auch viele, die sich Christen nennen, treten auf der Stelle.
- Für die einen ist das Himmelsversprechen eine Art Versicherungspolice. Sie kommt in die Schublade, um am jüngsten Tag wieder hervorgekramt zu werden.

- Andere verstecken sich in Versammlungen, wo man nicht kuschelt, sondern strammsteht, wo man sich am Buchstaben der Bibel festklammert, statt zu fragen, welche Mitmenschen man umarmen soll. Weil der Fokus bei diesen Menschen auf dem Nicht-Sündigen liegt, wird vergessen, dass Jesus das Mehr-Lieben als Lebensziel ausgegeben hat, dass er uns zu einem Walk on the Wild Side aufruft, bei dem man sich schon mal schmutzig macht.
- Eine dritte Sorte von Christen taucht ab in ein Paralleluniversum, wo Engel und Dämonen miteinander kämpfen, wo fortwährend Wunder passieren und satanische Attacken drohen, wo Glück machbar ist, wenn man die richtigen spirituellen Mechanismen beherrscht.

Diese Menschen wollen den Himmel entweder auf Distanz halten oder ihn gewaltsam heranrücken. Sie betreiben entweder Enttäuschungsprophylaxe oder stimmen künstliche Triumphgeheule an. Sie kommen nicht mit der Ambivalenz klar, die nach wie vor das christliche Leben durchzieht.

Die Spannung bleibt. Neu ist das Versprechen, dass sie irgendwann aufgelöst wird. Und die Möglichkeit, dass sie schon jetzt abgemildert wird.

Es gibt keine Sicherheit. Es gibt nur Vertrauen.

Es gibt nicht den perfekten Weg. Es gibt nur die richtige Richtung.

Aber was ist die richtige Richtung?

Auf der Musikmesse »Popkomm« wurde ein »Unwort de Jahres« gewählt: 360°. Damit wird, in letzter Zeit inflationär, ein Geschäftsmodell des Rundum-Abkassierens beschrieben. Es passt auch für die allgemeine Lebenseinstellung in unseren Tagen. Alle drehen sich um die eigene Achse, strecken sich aus nach dem, was am Horizont der Angebote hochpoppt. Rundum sorglos. Rundum glücklich. Am Ende taumelt man.

Der alternative Ansatz heißt 180°. Man konzentriert sich auf das Gegenüber: Auf Gott, auf den Mitmenschen. Wer nach den »Werten« von Christen fragt – das sind sie:

Gott und der Nächste. Die Werte der Christen.

Und wo bleibe ich? Deutschlands Lieblingsmacho, Dieter Bohlen, hat sich in seinem neuen Buch »Planieren statt Sanieren« zu dem 08/15-Motto bekannt: »Wenn jeder für sich sorgt, ist für alle gesorgt.« Die Defizite dieser Devise: Manche können nicht für sich selbst sorgen, weil sie zu schwach sind. Und: Irgendwann, jedenfalls im hohen Alter, sind alle zu schwach, für sich selbst zu sorgen.

Der 180°-Weg: Wenn wir einander lieben, sind alle geliebt.

Das ist die Macht, mit der Gott uns ausgestattet hat, das ist unsere Superpower: Wir haben die Kompetenz, andere Menschen glücklich zu machen. Mit Worten, Aktionen, Berührungen, manchmal reicht schon ein Lächeln. Weil wir das Entzücken im Auge Gottes sind, können wir andere nicht mit Argus- sondern mit Agape-Augen angucken. »Agape« ist ein griechisches Wort, das in der Bibel benutzt wird, wenn es um bedingungslose und damit göttliche Liebe geht.

Fragt sich noch, wie man in den himmlischen Lebensrhythmus kommt. Gibt es eine korrekte Lauftechnik? Aus meiner Sicht kommt es vor allem auf zweierlei an: Kurs halten und Balance bewahren.

Kurs halten

Schade, dass es kein geistliches GPS gibt, das uns kollisionsfrei durchs Leben manövriert. Aber es gibt das, was die Bibel »Weisheit« nennt. Weisheit besteht aus drei Komponenten: Faktenwissen, Erfahrung, Instinkt.
- Die geistlichen Fakten, auf die es ankommt, stehen in der Bibel.
- Die Erfahrung, die man braucht, kann man entweder selbst machen oder sich bei den Glaubens- und Kirchenvätern abschauen.

– Für den Instinkt sorgt die Person der Heiligen Dreifaltigkeit, die von der Bibel »Heiliger Geist« genannt wird. Er drückt uns sanft in die Richtung Gottes und zieht uns zum Mitmenschen. Push und Pull.

Wenn wir den Weg der Weisheit gehen, kommt es hoffentlich zu einer teilweisen Automatisierung der Abläufe. Das funktioniert so:
– Wir treffen Entscheidungen.
– Die Entscheidungen addieren sich zu Gewohnheiten.
– Die Gewohnheiten formen unseren Charakter.

Und irgendwann können vielleicht auch andere über uns das sagen, was die Gruppe »Loverboy« im Film Top Gun singt: »I Can See the Heaven in Your Eyes.« (»Ich kann den Himmel in deinen Augen sehen.«)

Balance bewahren

»Zwei Herzen schlagen in meiner Brust. Nur nicht im selben Rhythmus«, textet die Kölner Popgruppe Klee auf ihrem Album »Berge versetzen«. Ich selbst komme ziemlich oft aus dem Takt. Ich schiele und schwanke. Denn auch ich versuche, gleichzeitig das Beste von Heute und von Ewig zu haben, oder, wie es in einer englischen Redewendung heißt: den Kuchen essen und ihn aufbewahren. Mir fehlt Balance.

Die Christen waren in ihrer 2000-jährigen Geschichte oft »out of Balance«. Meistens zwanghaft konservativ, neuerdings obsessiv progressiv. Sie schwanken zwischen Wurzel- und Orientierungslosigkeit. Wie kommen wir zu einer Faith-Love-Balance?

Anthropologen haben herausgefunden, dass es fünf universale Moralkriterien gibt.
- Gerechtigkeit
- Schutz vor Verletzung
- Respekt vor Autorität
- Loyalität gegenüber der Gruppe
- Reinheit bzw. Integrität

Nach diesen Kriterien wird in allen Gesellschaften das Verhalten als moralisch »gut« oder »schlecht« qualifiziert. Allerdings sind die Gewichtungen unterschiedlich. In sehr traditionsbewussten Milieus werden einseitig die letzten drei Kriterien betont, die für den Zusammenhalt einer Gemeinschaft wichtig sind, in sehr liberalen Milieus fast ausschließlich die ersten zwei, die das Individuum fördern und schützen. Die einen kommen nicht von der Stelle, die anderen drehen irgendwann durch.

Die christliche Faith-Love-Balance sucht das Gleichgewicht zwischen Orthodoxie und dynamischem Voranschreiten, zwischen traditionsbewusster Rechtgläubigkeit und Zukunfts- und Menschenzugewandtheit. Die Balance, die ich selbst zu halten versuche, nenne ich deshalb: dynamische Orthodoxie. Ein wenig orientiere ich mich dabei an der Selbstbeschreibung Gottes, als er Moses im brennenden Dornbusch begegnet: »Ich bin, der ich sein werde.« Unveränderlich, immer in Bewegung, Gott.

Ob ich in die richtige Richtung unterwegs bin, erkenne ich daran, ob mich mein Weg zu liebevollen Begegnungen mit Gott und anderen Menschen führt. Aber auf diesem Weg komme ich nur, wenn ich mich an der biblischen Botschaft orientiere: meinem Equipment, meiner Marschverpflegung.

Die nur dynamischen Christen, die eine Besserung der sozialen Verhältnisse auf eigene Faust realisieren wollen oder die mit »Zeichen & Wunder«-Shows große Arenen füllen, blitzen und verglühen. Die nur orthodoxen Christen, die sich selbst an die Kette von Ritualen und Traditionen legen, dümpeln und siechen. Wer nicht dynamisch ist, bleibt stehen, wird überholt und abgehängt. Wer nicht orthodox ist, fällt um.

Dynamische Orthodoxie ist, wenn man geht und trotzdem steht.

Die Umgebung

Nach dem Unwort des Jahres kommt nun der Unsatz des Jahrhunderts: »Ich glaube an Gott, aber ich kann mit der Kirche nichts anfangen.«

Für mich klingt das, als würde man sagen: Ich finde die Liebe toll, aber verschont mich mit Erotik. Gaga.

Die neue Umgebung kirchlicher Gemeinschaft ist das Beste, was uns auf dem Weg in den Himmel passieren kann. Sie ist das Reiseunternehmen, das Gruppen zusammenstellt, Bergführer organisiert, Sauerstoffzelte und Lazarette bereithält. Wer im Fußballstadion war oder bei einem Rockfestival, der weiß: Es gibt kaum etwas Schöneres, als mit anderen Fans für die gleiche Sache jubeln. Allerdings: Die Fans verlieren sich an der S-Bahn oder auf dem Festivalparkplatz wieder aus den Augen. Es gibt etwas Schöneres: die Gemeinschaft der Gläubigen, die »Ekklesia« – griechisch für »Kirche«: sich unterhaken, sich gegenseitig anfeuern, Schwache mitschleppen, Starken nachklettern, gemeinsam den Weg in die Ewigkeit gehen.

Die besten Begegnungen und die tiefsten Freundschaften sind mir im kirchlichen Kontext geschenkt worden. Dass ich mit dieser Erfahrung nicht alleine dastehe, bestätigen Soziologen. Wer in die Kirche geht:

- gewinnt neue Freunde
- bekommt, durch die Vielzahl von Kontakten, oft neue Karrierechancen
- lebt gesünder, denn er kann sich auf die Hilfen und Ratschläge der anderen Gläubigen verlassen.

Die Kirche ist Gottes Geschenk an uns. Ein Glücksfall.

Eigentlich

Tatsächlich …

… menschelt auch die Kirche. Und manchmal mieft sie. Ein amerikanisches Umfrageinstitut hat danach geforscht, warum die Imagewerte missionarisch orientierter Christen oft schlecht sind. Ergebnis:

Es liegt nicht an den Medien und ihrer vermeintlichen Christen-Phobie.

Es liegt nicht an Atheisten wie Richard Dawkins und ihrer Christen-Paranoia.

Es liegt an den Christen selbst.

Wer schlechte Erfahrungen mit »Frommen« gemacht hat, lässt sich durch Argumente kaum noch überzeugen. Wenn der Kirchenalltag grau und eng wirkt, wenn die Gläubigen keinen weisen, leidenschaftlichen und zärtlichen Eindruck machen, sondern eher als amputiert und lobotomisiert rüberkommen, dann ist alle Himmelsrhetorik kontraproduktiv.

Die ideale Kirche erkennen wir nicht daran, dass sie dieselbe Postleitzahl hat wie wir. Manchmal findet man sie in erst im nächsten Bezirk oder in der nächsten Stadt. Aber woran erkennt man sie? Alle Menschen haben ästhetische, moralische und kognitive Bedürfnisse. Nach Übereinstimmungen in diesen drei Dimensionen wählen sie auch ihre Freunde aus. Warum also nicht danach fragen: Wie positioniert sich eine Kirche in den Bereichen Schönheit, Güte und Wahrheit?

Das Schöne

»Kunst ist das einzig Gute, was die Religion jemals hervorgebracht hat«, sagt der Songwriter Randy Newman. Mir würden unter anderem noch Waisenhäuser, Suppenküchen und Hospize einfallen, aber dazu komme ich noch.

Schönheit ist ein Grundbedürfnis. Schon Neugeborene lachen, wenn sie ein schönes, das heißt: symmetrisches, Gesicht sehen. Das Sensorium für den Goldenen Schnitt der richtigen Proportionen gehört zu unserer vorinstallierten Standardausstattung. Genauso erkennen wir instinktiv, was eine harmonische Melodie ist.

Am Anfang, sagt die Bibel, war das Wort, also die Wahrheit. Aber manifestiert hat sich das Wort zuerst in Schönheit. Gott hat sich uns als Schöpfer offenbart, dann als Gesetzgeber, schließlich als Erlöser. Das korrespondiert mit der Reihenfolge, in der wir auf Menschen oder Dinge reagieren: Erst gleicht unser Unterbewusstes die Eindrücke unserer Sinnesorgane mit seinen abgespeicherten Erfahrungswerten ab: Wir finden etwas sympathisch oder unsympathisch, schön oder hässlich, gut oder böse. Erst dann schaltet sich unsere Vernunft ein, meistens nur, um die vorgefasste Meinung zu bestätigen. Am Anfang ist die Schönheit.

Es ist nichts Schlimmes daran, stilvoll in den Himmel gehen zu wollen. Im Gegenteil. Der Bandbreite der möglichen »Styles« sind keine Grenzen gesetzt, zumindest kenne ich keine. Im letzten Sommer habe ich zum ersten Mal die Wieskirche besucht, ein Prunkstück des Rokoko, geweiht dem »gegeißelten Christus«. Süßlich-brillanter Overkill als Gedenken an den Gottessohn, dessen Haut in blutigen Fetzen am Körper hing. Ich fand das ziemlich schräg. Dass sich die Freude über den göttlichen Sieg über den Tod auch in der sakralen Kunst widerspiegeln sollte, leuchtete mir wiederum ein.

Wir Christen waren mal gut. Konstruktiv statt restaurativ. Trendsetzer statt Museumswärter.

Michelangelo. Bach. Rembrandt.

Vorbei.

Haben wir die Kompetenz, die Welt zu dekorieren und dabei die himmlische Herrlichkeit zu reflektieren, eingebüßt? Es muss ja nicht alles so opulent-süßlich daherkommen wie in der Wieskirche. Mir gefällt ein Motto, das ich als Werbeslogan für einen Geländewagen gesehen habe: »Beautiful in Ugly Situations – schön in hässlichen Umständen.« Das könnte für uns gelten. Könnte.

Seit den Versammlungen der Ur-Christen hat die Musik in der Kirche eine besondere Rolle gespielt. Leider setzt sie seit einiger Zeit keine neuen Maßstäbe mehr. Wer ein Kirchengebäude betritt, wird zwangsreise auf eine Zeitreise geschickt, oft zurück in Epochen, die wegen der vielen Scheiterhäufen und Kriegsschlachten nicht nur positive Assoziationen auslöst. Die zwei Innovationen des letzten Jahrhunderts, die die Musik in ein neues Zeitalter katapultiert haben, bleiben in den meisten Kirchen außen vor: die Elektrizität und der Groove.

Die schlechte Nachricht für alle Feinde der musikalischen Moderne: Die Entwicklung ist irreversibel. Der Strom und der Rhythmus werden bis zum Jüngsten Tag bleiben. Die Musik ist lauter, diverser, jazziger, afrikanischer geworden und sie erzeugt Schallwellen, die unseren Körper auch unterhalb des Kehlkopfs ansprechen. Hallelujah. Vor allem viele Freikirchen integrieren Elemente der Popularmusik unbefangen in ihr Gottesdienstprogramm, bringen zusammen, was zusammengehört: Yeah und Amen. In den etablierten Kirchen ist es nur eine Frage der Zeit, bis selbst die Gesangbuchpuristen den »Soul« in der Musik entdecken und alte Hymnen und neue Glaubenshits gleichberechtigt nebeneinander gesungen werden.

Auch in der bildenden Kunst hat sich in letzter Zeit einiges getan. Hinzugekommen sind: neue Medien und der Mix von Medien und Stilformen.

Ein Freund organisiert Kunst-Ausstellungen, die Himmel und Erde konvergieren lassen. Manche der Ausstellungen finden in seinem privaten Atelier statt, manche in derselben Kirche, in der Bonhoeffer predigte, der Berliner Zionskirche. Mein Freund präsentiert Videoinstallationen, auf denen Kiezbewohner ihre persönlichen Glaubensbekenntnisse verraten. Unlängst hat er einen Bilderzyklus über Kinderspielplätze aufgehängt. Dann hat er lokale Künstler sich zum Thema »Licht und

Schatten« austoben lassen. Bei den Vernissagen findet, soviel ich weiß, keiner sofort zum Glauben. Aber alle kommen ins Gespräch.

Dass die Kirchen im kreativ-technischen Bereich »late adopter« (Spätanwender) sind, dass sie viele neue Entwicklungen verschlafen, fällt nirgendwo so sehr auf wie im Internet. Die Rolle, die früher Schaukästen hatten, spielen heute Webseiten. Vielmehr als Veranstaltungshinweise und ein paar dürre »Wir über uns«-Informationen findet man oft nicht. Da flasht nichts, da poppt nichts, manchmal steht da sogar nichts.

Versteh mich bitte nicht falsch: Ich plädiere nicht dafür, dass sich die Kirche bohemienhaft und blondiert geriert, ich wünsche mir keinen heiligen Hype. Ich halte es aber mit Erich Fromm: »Nichts fördert das Kreative mehr als die Liebe, vorausgesetzt, sie ist echt.« Schönheit – nicht als Selbstzweck, sondern aus Liebe von Gott und zu den Menschen.

Dass Christen auch »cool« können, zeigen die zwei »Kings of Cool« des Film- und Musikbusiness. Männer mit ledriger Haut und stahlblauen Augen, die nicht nur gut aussahen, sondern auch so, als hätten sie alles gesehen.

Steve McQueen. Johnny Cash.

Beide starben als überzeugte Christen. Wenn ich im Himmel bin, werde ich sie um Autogramme bitten. Bis dahin werde ich mir sicher noch öfters das Video zu Johnny Cash's letztem Hit, »Hurt« (»Verletzt«), angucken. Ein alter Kämpfer, der sich auf das Wiedersehen mit der Frau freut, die ihm in die Ewigkeit vorangegangen ist.

Das Gute

Ich will realistisch sein. Die Klingelbeutel in den Kirchen müssen ziemlich lange zirkulieren, bis ein Bruchteil dessen zusammenkommt, was die Bill und Melinda Gates-Stiftung jedes Jahr in gute Zwecke investiert. Als Weltsanierer stoßen Christen schnell an ihre Grenzen. Es geht auch ein paar Nummern kleiner. Daran, wie wir lieben, können andere erkennen, wohin wir gehen. Das hat Jesus gesagt.

Können andere ihre Hoffnung auf uns setzen? Die Hoffnung, dass wir uns um sie kümmern. Dass wir da sind.

Können andere ihr Vertrauen auf uns setzen? Das Vertrauen, dass wir unsere Versprechen halten. Dass wir stehen. Bleiben. Uns kümmern.

Die Popgruppe »Prefab Sprout" nimmt in einem Song die Position Gottes ein, der sagt:

Sing mir keine innige Anbetungshymne
Sing mir keine langsame, süße Melodie
Sing sie einem der Gebrochenen
Und damit, Bruder, singst du es mir.

Es gibt keine gottgefällige Pietät ohne Humanität. Wie das Kratzen von Fingernägeln auf einer Schiefertafel muss es sich in Gottes Ohren anhören, wenn Christen das Gute in die Welt bringen wollen, indem sie Befehle bellen und Drohungen ausstoßen, wenn sie nicht um Glauben werben, sondern Gehorsam erzwingen wollen. Der klerikale Terror gehört der Vergangenheit an. Das dünkelhafte Buhlen um die Gunst von Prominenten, während man die Marginalisierten ignoriert, leider noch nicht, auch bei mir nicht.

Der Schriftsteller Fernando Pessoa hat festgestellt: »Es kann mich nicht sonderlich bekümmern, dass ich es nicht geschafft habe, Kaiser von Rom zu werden, aber es kann mich schmerzen, nicht mit der Näherin gesprochen zu haben, die immer gegen neun um die rechte Häuserecke biegt.« Ich könnte »Näherin« durch »Hausmeister« oder »Empfangsdame« ersetzen. Spreche ich mit ihnen?

Mich beschämt es, wenn Menschen, für die in meinem Terminkalender kaum Raum ist, mir sagen, dass sie regelmäßig für mich beten. Menschen, die in ihren heißen Herzen Platz für mich gemacht haben. Sie sind ein Geschenk Gottes an mich. Genauso wie die vielen Freunde, die mir demonstrieren, wie die Jesus-Ethik praktisch aussieht: Tobias, der mit jugendlichen Häftlingen zusammenlebt; Axel, der seinen Alltag mit Süchtigen verbringt; Bernd und Angelika, die sich rund um die Uhr um vernachlässigte Kinder kümmern; Jim, der neben seinem Job als Leiter eines Universitäts-Instituts AIDS-Kranke in Afrika ärztlich versorgt.

Es gibt übrigens nicht nur altruistische, sondern auch egoistische Gründe, sich ehrenamtlich zu engagieren.

- Man schließt Kontakte.
- Man wird schöner. Tatsächlich. »Schöne junge Menschen sind Zufälle der Natur«, hat Heine festgestellt, »aber schöne alte Menschen sind Kunstwerke«. Güte macht sich mit dem Alter optisch bemerkbar. Manche Omas und Opas in den Kirchenbänken haben ein Leuchten an sich, das sie attraktiver macht als Germany's Next Topmodel.
- »Man kriegt selbst unheimlich viel zurück«, hört man immer wieder von Helfern. Und sie haben recht. Liebe ist eine Energie, die erneuerbar ist.
- Man macht Geschichte. Wer Menschen liebt, ändert sie; wer Menschen positiv verändert,

verändert langfristig auch die Strukturen, in denen sie leben.

»Hinten dicht und vorne hilft der liebe Gott«, lautet eine Fußball-Binse, eine andere: »Spiele werden in der Abwehr gewonnen.« Wer das Gute verbreiten will, muss auch versuchen, das Böse einzudämmen. Das geht am besten, in dem man sich an den moralischen Ansagen der Bibel orientiert. Im Gegensatz zum »Alles geht, nichts bleibt«-Zeitgeist, handeln Christen nach der Maxime: Weil wir auf das Bleibende setzen, geht bei uns nicht alles.

Jedesmal, wenn ich eine Zahnreinigung durchgemacht habe und der Arzt mir die Konkremente unter dem Zahnfleisch herausgemetzelt hat, bitte ich meine Freunde: Helft mir, meine Sucht nach Cola und Snickers in den Griff zu kriegen, warnt mich, ermahnt mich, tretet mir in den Hintern, wenn ich schwach werde. Genauso erwarte ich von der Kirche, zu der ich mich halte, dass sie mich gegen Versuchungen wappnet. »Versuchung ist alles andere als harmlos«, schreibt Thomas Brussig in »Berliner Orgie«, »sie reißt an dir. Und selbst, wenn du ihr widerstehst, selbst wenn du siegst, wirst du nicht zum stolzen Sieger«. Die Kirche, die Gemeinschaft der Gläubigen, ist nicht nur dafür da, mir am Sonntag salbungsvolle Worte zuzusäuseln. Sie soll mich festhalten, wenn die Versuchung an mir zerrt.

Die nur dynamischen Kirchen haben ihre Außenmauern geschleift und die Gläubigen schutzlos gemacht. Die nur orthodoxen Kirchen haben Mauern errichtet und Milieus geschaffen, in die Außenstehende nur schwer hineinfinden. Die »dynamisch orthodoxen« Kirchen haben Außenwände, die einer Membran gleichen: durchlässig für Fremde und offen für Input, aber nach außen so dicht wie möglich gegen Versuchungen und Anfeindungen.

Das Wahre

Noch ein Unsatz, bei dem ich je nach Tagesform eine Wut- oder eine Gähnattacke erleide: »Ich will nicht missionieren. Ich will meinen Glauben vorleben.« Dabei gehören Leben und Reden zusammen. Das eine erregt positive Aufmerksamkeit, aber erst das andere setzt Menschen in Bewegung. Schon Heraklit wusste: »Nicht die Taten bewegen die Menschen, sondern die Worte über die Taten.« Ich selbst versuche mit diesem Buch, zur Wahrheitsfindung beizutragen. Mehr muss ich deshalb dazu nicht schreiben.

Schön, Gut, Wahr: Gott

Jetzt habe ich viel über die Gemeinschaft der Gläubigen geschrieben. Aber was ist mit Gott, der am Schluss des Matthäus-Evangeliums verspricht, uns »bis an der Welt Ende« zu begleiten? Ich bete regelmäßig zu Gott, vor allem bitte ich ihn. Ich habe das Verhältnis von »erhörten« oder »vielleicht noch erhörten« zu »eindeutig abgelehnten« Bitten noch nicht gezählt. Ich schätze es auf 70:30. Offenbar haben Gott und ich ab und zu Meinungsverschiedenheiten über die exakte Streckenführung. Aber eins weiß ich, rückwärts gesehen, und hoffe ich, vorwärts gesehen: dass die Richtung stimmt. Und dass Er mitläuft. Wie der durchtrainierte Mann, den ich beim letzten Berlin-Marathon beobachtet habe. Er hatte sich mit einer Schnur an seine blinde Frau gebunden. Manövrierte sie die Strecke entlang, lief mit ihr an Schildern vorbei, auf die Zuschauer geschrieben hatten: »Der Schmerz geht, der Stolz bleibt.« Ich habe die nach ein paar hundert Meter aus den Augen verloren. Ich konnte ihr Tempo nicht mitgehen.

Die Vorfreude auf die Ankunft

Ich freue mich auf den Himmel. Aber ich verspüre keinen Death Wish. Ich wünsche mir, dass es mir geht, wie Dostojewski oder Johnny Cash oder Clint Eastwood: dass ich im Alter immer besser werde und dass es mir dabei gesundheitlich nicht viel schlechter geht. Es kann aber auch ganz anders kommen.

In den letzten Monaten sind einer meiner besten Freunde und eines meiner größten Vorbilder gestorben, der eine qualvoll-langsam, der andere schockierend plötzlich. Ich habe vom Freund eines Freundes gehört, der seinen Kampf gegen die Heroinsucht aufgegeben hat und sich den goldenen Schuss gesetzt hat. Sie alle waren Christen. Ich sage mir: Auf dem Weg in den Himmel bleibt keiner auf der Strecke, sondern geht höchstens voraus. Manchmal leider unter großen Schmerzen. Auch bei den Zurückgebliebenen. Bonhoeffer hat einmal geschrieben: »Es gibt nichts, was uns die Abwesenheit eines lieben Menschen ersetzen kann und man soll das auch gar nicht versuchen, man muss es einfach aushalten und durchhalten.«

»Ich begreife nicht, wohin ich all das Gute bringen soll, denn ich weiß ja nicht, wo du bist«, schrieb vor 70 Jahren die junge Nadescha an ihren Mann, den in einen Gulag verschleppten Dichter Ossip Mandelstam. Mich freut der Gedanke, dass es einen Ort gibt, an dem ich meine Liebsten wiedersehe. Vielleicht werden wir gleich loslegen: »Erzähl mal, wie war's, was ist so passiert zuletzt …«

Ab und zu fahre ich an der Martin-Luther-Gedächtniskirche im Berliner Stadtteil Mariendorf vorbei. Hier haben sich vor 70 Jahren die jüdische Frau und Tochter des von mir verehrten Schriftstellers Jochen Klepper taufen lassen. Klepper galt zu seinen Lebzeiten als großes literarisches Talent. Er veröffentlichte zwei erfolgreiche Romane – »Der Kahn der fröhlichen Leute« und »Der Vater« – und schrieb an einem Monumentalwerk über das Ehepaar Martin und Katharina Luther, »Das ewige Haus«. Der multi-talentierte Pfarrerssohn moderierte Radiosendungen, er arbeitete an Drehbüchern, er dichtete Kirchenlieder, die heute zum Standard-Repertoire gehören (»Die Nacht ist vorgedrungen«, »Er weckt mich alle Morgen«). Er lebte in einer schrecklichen Zeit. Vier Jahre nach ihrer Taufe sollten seine Frau und seine Tochter in ein Vernichtungslager deportiert werden. Ein letzter Rettungsversuch bei Adolf Eichmann persönlich schlug fehl. Jochen, Hanni und Reni Klepper verschlossen die Fenster und die Tür, drehten das Gas auf und legten sich hin.

In das Tagebuch, das posthum unter dem Titel »Unter dem Schatten seiner Flügel« herausgegeben wurde, schrieb Klepper kurz vor dem gemeinsamen Selbstmord: »Auch das liegt bei Gott.«

Der amerikanische Autor Denis Johnson berichtet in seiner Bürgerkriegsschilderung »In der Hölle« davon, wie er im Kongo den Schauplatz eines Massakers besichtigte. Zwischen den Leichenteilen flogen tausende von evangelistischen Zetteln mit der Aufschrift »Wie du Jesus Christus kennenlernen kannst« herum. Ich frage mich: Was sagt Jesus Christus dazu?

Der Lieblings-Bibelvers vieler Christen steht im Brief des Apostels Paulus an die christliche Gemeinde in Rom: »Wir wissen, dass denen, die Gott lieben, alle Dinge zum Besten dienen.« Nicht einmal zehn Jahre, nachdem dieser Brief in Rom angekommen war, brannte Rom. Nero beschuldigte die Christen. »Einige wurden in Tierfelle gesteckt und von Hunden zerrissen«, berichtet der Historiker Tacitus, »einige andere brennbar gemacht und wenn es Abend war, wie Nachtleuchten angesteckt«. Alle Dinge zum Besten?

Entweder Gott existiert nicht, oder er ist grausam, oder die Zielankunft im Himmel ist so grandios, dass all die Stolpereien und Stürze, die Tränen und Schreikrämpfe auf dem Weg dahin tatsächlich nicht ins Gewicht fallen. Es muss dort grandios sein. Muss. Wird.

Ich vertraue darauf.

Bald haben wir's geschafft. Und bis dahin schaffen wir was.

7. Ankommen

Das Beste der Achtziger, Neunziger und von immer

Da wären wir.

In einem Krankenzimmer. Ein Mann hängt an Schläuchen. Ab und zu zischt die Schmerzpumpe. Ich stehe am Bettende. Kühl, hier drinnen. Ich denke an Matthias Claudius:

Ach, es ist so dunkel in des Todes Kammer.
Tönt so traurig, wenn er sich bewegt
Und nun aufhebt seinen schweren Hammer.
Und die Stunde schlägt.

Zwei Tage vorher haben ein paar Freunde und ich noch mit Steven gefrühstückt. Wir haben uns über einen Text in der biblischen Apostelgeschichte ausgetauscht. Die Abenteuer der ersten Christen. Steven war auch ein Christ, der immer im Aufbruch begriffen war, der immer Ideen hatte. Ein Tausendsassa. Er spielte in Rockbands und organisierte Filmfestivals. Er komponierte einen modernen Soundtrack zur leichtesten und sonnigsten aller deutschen Komödien, »Menschen am Sonntag«. Steven war ein Sonntagsmensch. Am Ende unseres Treffens schiebt Steven seinen Rollstuhl hinter sein Schlagzeugset und performt noch einmal. Er hofft unverdrossen, es wird ihm bald besser gehen. Dass der Krebs, der seinen Körper zerfressen hatte, wundersam verschwinden wird. Er wünscht sich, dass er die Einschulung seines ältesten Sohnes noch erlebt.

Jetzt ist es Montagabend. Steven liegt ausgezehrt auf dem Krankenbett. Die Augen geschlossen, der Atem flach, ab und zu stößt er ein lautes Röcheln auf. Neben ihm sitzt seine Frau und hält seine Hand. Einige Familienmitglieder sind da, auch einige Freunde. Abwechselnd lesen wir laut Bibelverse vor. Singen aus einem Gesangbuch. Steven macht noch einmal die Augen auf, sie wandern die kleine Besucherschar ab. Seine Abschiedsrunde.

In der Nacht stirbt Steven. »Ein menschliches Wesen weniger, eine Welt weniger«, hat der Schriftsteller George Orwell geschrieben. Doch als ich den Raum, in dem Stevens lebloser Körper liegt, betrete, verspüre ich keine Weltuntergangsstimmung. Die Pfleger haben Steven sein Lieblingsoutfit angezogen. Seine Gesichtszüge wirken entspannt. Durch das Fenster fällt Sonnenlicht. Aus den Boxen eines CD-Players kommt die Stimme eines seiner musikalischen Idole, Van Morrison: »I'll Be Carrying A Torch for You – Ich werde eine Fackel für dich voraustragen«. Ich sehe die Zimmerdecke nicht, sondern den Himmel weit offen. Steven ist nicht auf der Strecke geblieben, er ist vorausgegangen.

Wie geht es ihm jetzt?

»Ich wünsche mir, dass irgendwo jemand auf mich wartet«, heißt ein aktueller Erfolgsroman. Ich weiß, wer auf Steven wartet. Wer ihn jetzt in seine Arme schließt.

Jesus.

Die Steintafel mit dem schönsten Grabspruch, den ich kenne, findet sich ein paar hundert Meter von meiner Wohnung entfernt, auf dem »Dorotheenstädtischen Friedhof«. Nicht der auf dem Grab von Hegel und Fichte, auch nicht auf dem von Brecht (der ist bis auf den Namen kahl, atheistisch korrekt), sondern auf dem von Johannes Rau. Der Ex-Bundespräsident hat sich für einen gänzlich unpoetischen Bibelvers entschieden, aber einen, der alle Sehnsucht, alle Hoffnung, alles Vertrauen einschließt:

»Dieser war auch mit dem Jesus von Nazareth.«

Das sagt alles. Das klärt alles.

Im letzten Brief, bevor sie festgenommen wurde, schrieb Sophie Scholl: »Oh, ich freue mich wieder so sehr auf den Frühling.« Wenige Tage später warteten sie und ihre Freunde auf ihre Hinrichtung. Bevor sie nacheinander unter das Fallbeil geschoben wurden, riefen sie sich gegenseitig zu: »In wenigen Minuten sehen wir uns in der Ewigkeit wieder.« Diesen Teil der Geschichte habe ich in der Schule nie gehört.

Ein Theaterstück, das sich eindrucksvoll mit den Themen »Tod« und »Glauben« auseinandersetzt, ist »Geist« von Margaret Edson. Das Stück beginnt mit dem ironischen »Hi« der Professorin Vivian Bearing. Es endet mit dem »Oh Gott!« eines Pflegers, der sich von ihrem Sterbebett wegdreht. Im Verlauf des Stücks ist die stolze Professorin und Expertin für barocke Sonette von einer Geistesgröße zu einem vom Krebs zerfressenen Häuflein geschrumpft. Eine Freundin kommt, um sie zu trösten: »Ganz gleich, wo sich deine Seele versteckt, Gott wird sie finden«, sagt sie. Am Schluss, während ein Notfallteam versucht, ihren Körper zu reanimieren, entschlüpft Vivian in die Ewigkeit. In der Regieanweisung steht: »Vivian steht auf. Sie lässt die Szene hinter sich, geht auf ein kleines Licht zu. Sie ist jetzt aufmerksam und lebhaft und geht langsam auf das Licht zu. Sie nimmt ihre Mütze ab und lässt sie fallen. Sie zieht die Schnüre auf, und das obere Flügelhemd gleitet zu Boden. Sie lässt das zweite Flügelhemd genauso fallen. In dem Augenblick, wo sie nackt und schön dasteht und die Arme nach dem Licht austreckt … Blackout.« Alles schwarz. Allerdings nur für die Zurückgebliebenen. Ich stelle mir vor, wie Vivian sagt: »Oh Gott.« Und Gott sagt: »Hi.«

»Jeder Mensch, der stirbt, vollbringt ein gewaltiges Werk, denn er wird Gott gegenübergestellt«, notierte der hochbetagte Schriftsteller Julien Green in sein Tagebuch. Wir werden »Boaah« rufen. Und lustvoll »aaah« seufzen.

Wird die Einlasskontrolle streng sein?

Ein jüngerer Kollege hat mich auf einen der angesagtesten Clubs der Welt aufmerksam gemacht: das »Berghain« in Berlin. Berüchtigt für seine harte Tür. An dem Türsteher, bullig, tätowiert und ganzkörpergepiercet, kommt keiner so einfach vorbei. Ich habe mich eines Sonntagmorgens in die fünfzig Meter lange Schlange am Eingang eingereiht. Vor mir wurde aussortiert. Nicht chic genug, wegtreten. Zu chic, raus. Ich habe gezittert, dass auch ich am Ende gedemütigt davonschleichen würde. Ich habe meine Erfolgschancen mit hektischem Last-Minute-Styling zu verbessern versucht. Ich habe mir die Haare verwuschelt und das Sacko zerknautscht. Der Berlin-Look. Als ich dran war, guckte der Türsteher in die andere Richtung. Ich war drin. Ich war in. Und ich war dankbar, als ich ein paar Stunden später zur Kirche ging, dass da keine Eingangsselektion betrieben wird.

Wer »mit dem Jesus von Nazareth« war, braucht nicht zu zittern, braucht keinen speziellen Look, kein VIP-Bändchen ums Handgelenk, kein Passwort.

Wenn ich mir die Himmelsankunft der Gläubigen vorstelle, denke ich nicht an eine Prozession gebückter Gestalten, sondern an das Triumphgeheul von Siegern. Ich denke an Filme wie »Rocky«. Im letzten Frühjahr habe ich Philadelphia besichtigt, die Stadt von Rocky Balboa. Zusammen mit einer Busladung japanischer Touristen habe ich mich um das Rocky-Denkmal gedrängt. Und ich bin dieselben Stufen hinaufgesprintet, die Rocky in der berühmten Trainings-Montage hinaufgejoggt ist. Oben angekommen habe ich, drehbuchgetreu, einen Luftsprung gemacht.

Im Himmel werde ich, wie Rocky, einen Siegersprung aufführen.

Und ich werde umzingelt werden von denen, die mir vorausgegangen sind: Steven und Steve McQueen und Sophie Scholl und die Fixer aus dem Café Sehnsucht. Ich weiß auch schon, welches Lied ich mit ihnen anstimmen möchte. Eine echte Schnulze: »I Made it Through the Rain« von Barry Manilow:

Ich habe es durch den Regen geschafft
Ich habe meine Welt bewahrt
Ich habe es durch den Regen geschafft
Ich habe meine Perspektive behalten

Ich habe es durch den Regen geschafft
Und habe den Respekt derer gefunden
Die auch durch den Regen mussten
Und die es geschafft haben.

Geschafft! Ich werde von Engeln abgerubbelt und in trockene Klamotten gesteckt werden. Ich werde mich umsehen, und ich werde mir sagen: Wenn ich das gewusst hätte …

Ich weiß: Die Bibel spricht auch davon, dass Jesus Christus am Ende der Tage noch einmal auf die Erde zurückkommt. In der Bibel ist vom Jüngsten Gericht die Rede und vom Tausendjährigen Reich. Wann und wie sich das alles zwischen die zeitliche und die zeitlose Welt schieben wird, darüber streiten sich Theologen, seit es sie gibt. Ich bin daran, ehrlich gesagt, nur mäßig interessiert. Mich interessiert:

Wie wird es aussehen »somewhere over the rainbow«?

Wie auf einem gigantischen Weltjugendtag? Oder doch eher wie in überirdischen Versionen des Disneylands, des Robinson Clubs oder der Playboy Mansion? Geht die Innendekoration des Himmels eher in Richtung des frivolen »Gartens der Lüste« von Hieronymus Bosch? Oder sollte man sich lieber Michelangelos oder Rubens »Jüngstes Gericht« vor Augen führen? Hatten vielleicht doch die alten

Griechen recht mit ihrer Insel der Seligen, dem »Elysion«, mit rosengeschmückten Wiesen und einem immerwährenden Frühling? Oder die alten Germanen, die ihre verstorbenen Helden in einem Prunksaal in Odins Burg versammelten, der Walhalla? Oder die Muslime: In den Himmelsschilderungen des Korans lagern die Gläubigen wie in einer Oriental Lounge in seidenen Gewändern auf Kissen, bedient von bildschönen Jünglingen und Jungfrauen; die Früchte baumeln in Griffnähe von schattenspendenden Palmen herunter.

Die Bibel überlässt dagegen fast alles unserer Fantasie. Sie spricht einerseits vom Paradies; Paradies, ein ursprünglich persisches Wort, meint dasselbe wie das hebräische »Garten Eden«.

Eden heißt wiederum auf Deutsch: Anmut. Andererseits ist in der Bibel auch vom Himmel die Rede, auf Griechisch »Ouranos«. Damit ist, wie im Deutschen, sowohl das Firmament als auch die ewige Herrlichkeit gemeint. Paradies, Eden, Himmel. Ausmalen muss man sich das selbst.

In dem Buch der Bibel, das sich mit dem Ende der Zeit beschäftigt, der Offenbarung des Johannes, können wir nachlesen, was im Himmel *nicht sein* wird: »Gott wird abwischen alle Tränen, und der Tod wird nicht mehr sein, noch Leid, noch Geschrei, noch Schmerz wird mehr sein«, berichtet Johannes von seiner Vision, »und nichts Unreines wird hineinkommen und keiner, der Gräuel tut und Lüge ... Und es wird keine Nacht mehr sein«. Schön. Aber was wird denn nun sein?

Bei meinem letzten Besuch in der Berliner Philharmonie spielte das Orchester, hingebungsvoll dirigiert von Simon Rattle, Brahms 3. Sinfonie. Ich saß, wie meistens, auf einem billigen Platz im Rücken des Orchesters. Der Platz hat den Vorteil, dass man von dort dem Dirigenten ins Gesicht und den Musikern auf die Partituren linsen kann. Ich habe mir gedacht: Wenn ich, als Laie, nur die Notenblätter hätte, wie wenig würde mir das über die wunderbare Musik verraten? So ähnlich geht es uns mit den Informationen über den Himmel. Was uns vorliegt, das sind nur Buchstabenstücke von Wörtern einer Sprache, die wir nicht beherrschen.

Es gibt die Himmelsbeschreibung von Dante in seiner »Göttlichen Komödie«, aber auch die wirkt irgendwie anämisch, vor allem im Vergleich zur Höllenschilderung im selben Buch. Da zischt, gurgelt und siedet es äußerst wortreich. Doch je weiter der Autor zu Gott vordringt, umso weniger kann er das, was er erfährt, in Worte fassen. Er erzählt stattdessen, was sich in ihm selbst ändert:

Ich aber, der dem Ende alles Sehnens
Sich nahte
Fühlte des Verlangens Glut
Gebührend nun in mir zu Ende gehen.

Etwas mehr als dreihundert Jahre später verfasste der Puritaner John Bunyan seine »Pilgerreise zur ewigen Seligkeit«. Bunyan schildert die Ankunft seiner zwei Pilger »im lieblichen Land« so: »Sie waren hingerissen vom Anblick der Engel und beim Hören dieser himmlischen Musik. (...) Und als sie in das Tor eintraten, wurden sie verwandelt und mit Gewändern bekleidet, die glänzten wie Gold. Danach gab man ihnen Harfen und Kronen. Die Harfen zum Lobgesang und die Kronen als Ehrenzeichen.«

»Alles dies bleibt Versuch und Stammeln, wenn man die erdrückende Größe des Gegenstandes bedenkt«, schrieb der Komponist Olivier Messiaen in den Anmerkungen zu seinem »Quartett für das Ende der Zeit«. Uraufgeführt wurde sein Konzertstück über die Apokalypse am 15. Januar 1941 im Kriegsgefangenenlager Stalag VIII in Görlitz. Das Werk, das den Aufstieg des Menschen zu Gott in acht Stufen beschreibt, stammt aus einer der dunkelsten Epochen der europäischen Geschichte. Messiaen entzündete ein Streichholz in der Finsternis. Am Ende der Zeit, am Ende *unserer* Zeit, wird Gott sagen: Spot an. Und es wird Licht werden. »Das ewige Leben besteht in voll gestillter Sehnsucht«, schrieb Thomas von Aquin.

In der Geschichte der christlichen Jenseitsvorstellungen gibt es zwei Strömungen: die eine betont, wie oben Dante, das ganz andere des Himmels, die andere, wie Bunyan, das Ähnliche. Theologen sprechen von theozentrischen und anthropozentrischen Himmelsbildern, je nachdem, ob darin die Gemeinschaft des Verstorbenen mit Gott im Vordergrund steht oder die Fortsetzung der irdischen Beziehungen, das Wiedersehen mit Familie und Freunden.

Ich sehe darin keinen Gegensatz: Der Himmel wird an die Schöpfung anknüpfen und wird doch eine ganz neue sein: der ultimative Update, die finale Version. Sicher scheint mir: der Gott, der die Natur erfunden und die kulturschaffende Potenz in uns hineingelegt hat, dieser Gott wird uns nicht eine Ewigkeit lang harfespielend auf Wolken sitzen lassen. »Die Liebe hört niemals auf«, schreibt der Apostel Paulus im 1. Brief an die Gemeinde in Korinth. Liebe ist Begegnung und Bewegung.

Der Himmel wird sich zur Erde verhalten wie der Genfer Teilchenbeschleuniger zu einem Rechenschieber, wie ein 3-D-IMAX-Kinofilm zu einer Höhlenwandskizze, wie der 1000-Meter Burj Dubai zu einem Turm aus Bauklötzen, wie Beethovens Neunte zu einem Crazy Frog-Klingelton, wie die Strände von Sylt, Bali oder Hawaii zu einer Kiesgrube, wie das Kamasutra zu einem Genossenkuss. Genug und mehr wird dort kein Gegensatz sein, genauso wenig wie Balance und Spannung, wie Sehnen und Fülle, wie Individualität und Harmonie. Im Himmel werden wir den ultimativen Kontrollverlust erleben, allerdings ohne Risiko, ohne Verletzung, ohne anschließenden Kater. Im Himmel gibt es keine Sendepause, kein weißes Rauschen. The Beat Goes on. Der Himmel ist Seinsverlängerung. Seinserweiterung. Seinssteigerung. Sein in Perfektion. Babylächeln, Supernova, Heiliges Abendmahl. Alles.

Über den Himmel verrät uns nicht nur die Bibel etwas, sondern auch die Anthropologie. Wenn wir Menschen auf »Wachsen« und auf »Begegnen« programmiert sind, wenn wir im Erleben und im Lieben unsere Erfüllung finden, sagt das etwas aus über Gott und über die Welt, in der Er auf uns wartet.

Als Kind habe ich mir einen Himmel erträumt, der so ist wie das Land »Nangijala« in Astrid Lindgrens »Die Brüder Löwenherz«. »Von dort stammten alle Märchen und Sagen«, so erfährt der kleine und schwerkranke Karlchen Löwenherz von seinem großen Bruder Jonathan, »denn gerade dort passierte ja all so was. Wenn man dort hinkomme, erlebe man von früh bis spät und sogar nachts Abenteuer«. Im Zentrum der Nangijala-Fantasie steht der Reiterhof im Kirschtal, der Inbegriff einer behüteten Idylle: »Ein weißes altes Haus war es, keineswegs groß, mit grünen Eckpfosten und einer grünen Tür und grünem Rasen

ringsum, wo Schlüsselblumen und Gänse-
blümchen wuchsen. Fliederbüsche und Kirsch-
bäume gab es dort auch, die üppig glühten«.
Den chronisch ängstlichen Karlchen lockt aber
vor allem eins: »Dann werde ich nie wieder Angst
haben, nie wieder Angst« – und trotzdem Abenteuer erleben. Mehr als nur eine Kindheitsutopie.
Astrid Lindgren wusste, wovon sie schrieb. Von
ihren gläubigen Eltern erzählte sie: »Wir Kinder
waren es gewohnt, tagtäglich zuzuschauen, wie
unser Vater – und sei es auch nur für einen kurzen
Augenblick – unsere Mutter umarmte und sie
herzte.« Ein paar Jahre, nachdem Mutter Hanna
gestorben war, folgte ihr Vater Samuel, »überzeugt davon«, so Astrid Lindgren, »dass er Hanna
wiedersehen würde«.

Je älter ich werde, je mehr Abenteuer ich selber erlebe, desto nostalgischere Züge bekommt
meine Himmelssehnsucht. Mir geht es wie der Pro-
tagonistin in dem amerikanischen Theaterstück
»Unsere kleine Stadt«, die nach ihrem Tod noch
einmal ihren 13. Geburtstag erleben will. Oder wie
den Verstorbenen in dem japanischen Film »After
Life«, die jeweils ihre schönste Lebenserinnerung
mit in die Ewigkeit nehmen dürfen. Ich freue mich
aber auch auf unbeschwerte Begegnungen mit
Menschen, die ich zu Lebzeiten verletzt oder
nicht verstanden oder nicht gut genug behan-

delt habe. So wie in Anne Tylers Eheroman »In Krieg und Liebe«. Darin verlieben sich zwei junge Amerikaner, heiraten, streiten sich 30 Jahre lang und trennen sich schließlich. Zehn Jahre nach dem Tod seiner Ex-Frau kommt der Mann noch einmal an ihrem Haus vorbei. Er träumt davon, wie sie hinter dem Gartentor steht, ihn erblickt und in ein freudiges Strahlen ausbricht: »Du bist es«, ruft sie, »du bist es wirklich.«

Im Himmel »werden wir Gott sehen, wie Er ist«, verspricht der Apostel Johannes in seinem 1. Brief. Darauf, Gott gegenübergestellt zu werden, freue ich mich merkwürdigerweise nicht so sehr. Dabei weiß ich: Die Begegnung mit ihm ist das Ziel meines Lebens. Am Anfang des Buches habe ich geschrieben: Ich bin Christ, weil ich in den Himmel will.

Wenn ich Gott begegne, werde ich wissen, warum ich in den Himmel wollte.

Re-Start

Ein Mann will nach oben

Jetzt kann ich's ja zugeben (und hoffen, dass du nicht zu denen gehörst, die das letzte Kapitel am Anfang lesen):

Der Himmel ist tatsächlich kein Thema. Noch.

Ich weiß das, weil ich das Buch mehrmals auf seine Publikumstauglichkeit überprüft habe. Ich habe das gemacht, was man in der Kinobranche einen »Preview« nennt. Leute, die zu einer Lesung zu »Mehrwert« gekommen waren, habe ich überrumpelt, indem ich stattdessen den Weg zum Himmel skizziert habe. Ich habe meine Ansichten zur Ewigkeit bei Studenten, bei Kirchenleuten, bei Wissenschaftlern vorgestellt. Anschließend habe ich gesagt, dass ich für Fragen zur Verfügung stehe. Fragen?

0.

Später dann doch, Fragen dazu, was ich von Angela Merkel, von dem Rapper Fler, von Youporn halte. Fragen dazu, wie man einen Praktikumsplatz bei der ARD bekommt. Aber Fragen zum Himmel?

Offenbar null Interesse.

Ich habe die Veranstaltungen verlassen wie ein Regisseur, dessen Film beim Screening immer an den falschen Stellen Lacher ausgelöst hat und bei dem die besten Dialoge im Popcornschmatzen untergegangen sind. Habe ich mich geirrt? Ist der leere Raum, in den ich mich vorgetastet habe, doch kein Magnetfeld sondern der kalte Wartesaal eines stillgelegten Bahnhofs? Bin ich ein ewiggestriger Nachzügler statt ein Pionier?

Für eine neue Umfrage, die mir Gewissheit über den tatsächlichen Geschmack der Leser verschaffen könnte, habe ich kein Geld. Ich kann nur mich selbst befragen, mein eigenes Inneres inspirieren. Und da hat sich, Gott sei Dank, nichts geändert. Ich will immer noch nichts so sehr wie end- und bedingungslos leben, lieben und geliebt werden. Ich will irgendwann die Schwerkraft permanent überwinden. Ich will in den Himmel. Und auf dem Weg dahin werde ich immer wieder über ganz irdisches Glück stolpern. Ich will leben und über-leben.

Ich glaube, das klappt.

Während ich den Buchtext abspeichere, höre ich das letzte Album des »Paten des Soul«, Marvin Gaye. Ein ziemlich exzessiver Typ, ein Pastorensohn, der im Streit von seinem eigenen Vater erschossen wurde. Das letzte Lied auf »Midnight Love« beginnt mit einer Danksagung an die Mitwirkenden des Albums. Am Ende der Aufzählung sagt Gaye mit sanfter Stimme: »Vor allem aber möchten wir uns bei unserem himmlischen Vater bedanken.« Dann schiebt sich der Bass unter den geschmeidigen Beat, darüber schwebt ein Synthesizer, und Gaye fängt an zu singen: »Oh Lord, I'm coming straight to your love …« – »Oh Gott, ich komme geradewegs zu deiner Liebe …«

Ich auch.

Wir sehen uns hoffentlich.